Ratgeber Trauer

Ratgeber zur Reihe Fortschritte der Psychotherapie
Band 7
Ratgeber Trauer
von Prof. Dr. Hansjörg Znoj

Herausgeber der Reihe:
Prof. Dr. Dietmar Schulte, Prof. Dr. Klaus Grawe,
Prof. Dr. Kurt Hahlweg, Prof. Dr. Dieter Vaitl

Ratgeber Trauer

Informationen für Betroffene und Angehörige

von Hansjörg Znoj

HOGREFE GÖTTINGEN · BERN · WIEN
TORONTO · SEATTLE · OXFORD · PRAG

Prof. Dr. Hansjörg Znoj, geb. 1957. 1980-1987 Studium der Klinischen Psychologie in Bern. 1992 Promotion. 1993-1996 Forschungsaufenthalt an der University of California, San Francisco. Ausbildung in strategischer Kurzzeittherapie und systemischer Beratung am Mental Research Institut MRI, Palo Alto. 2001 Habilitation. Seit 2002 Assistenz-Professor an der Universität Bern.

Wichtiger Hinweis: Der Verlag hat für die Wiedergabe aller in diesem Buch enthaltenen Informationen (Programme, Verfahren, Mengen, Dosierungen, Applikationen etc.) mit Autoren bzw. Herausgebern große Mühe darauf verwandt, diese Angaben genau entsprechend dem Wissensstand bei Fertigstellung des Werkes abzudrucken. Trotz sorgfältiger Manuskriptherstellung und Korrektur des Satzes können Fehler nicht ganz ausgeschlossen werden. Autoren bzw. Herausgeber und Verlag übernehmen infolgedessen keine Verantwortung und keine daraus folgende oder sonstige Haftung, die auf irgendeine Art aus der Benutzung der in dem Werk enthaltenen Informationen oder Teilen davon entsteht. Geschützte Warennamen (Warenzeichen) werden nicht besonders kenntlich gemacht. Aus dem Fehlen eines solchen Hinweises kann also nicht geschlossen werden, dass es sich um einen freien Warennamen handele.

Bibliografische Information Der Deutschen Bibliothek

Die Deutsche Bibliothek verzeichnet diese Publikation in der Deutschen Nationalbibliografie; detaillierte bibliografische Daten sind im Internet über http://dnb.ddb.de abrufbar.

© 2005 Hogrefe Verlag GmbH & Co. KG
Göttingen · Bern · Wien · Toronto · Seattle · Oxford · Prag
Rohnsweg 25, 37085 Göttingen

http://www.hogrefe.de
Aktuelle Informationen · Weitere Titel zum Thema · Ergänzende Materialien

Satz: Grafik-Design Fischer, 99423 Weimar
Gesamtherstellung: AZ Druck und Datentechnik GmbH, 87437 Kempten
Printed in Germany
Auf säurefreiem Papier gedruckt

ISBN 3-8017-1780-1

Inhaltsverzeichnis

Vorwort

Wenn wir trauern, fühlen wir uns erst mal alleingelassen und verzweifelt. Das letzte, was wir brauchen sind Menschen, die uns trösten wollen, obwohl wir uns gerade in diesem Moment nach Trost sehnen. Das Gefühl, verlassen worden zu sein, die fehlende Möglichkeit, sich mit seinem Partner, Elternteil, Geschwister oder gar dem eigenen Kind austauschen zu können, tut weh und hinterlässt eine riesige Lücke. Oft kommen uns die Rituale, welche die Gesellschaft (Kirche, Staat, Bekannte) bereitstellt, den oder die Verstorbene zu verabschieden, ungenügend und sinnentleert vor. Aber auch die gut gemeinten Ratschläge, wie „das Leben geht weiter" oder reale Hilfsangebote scheinen uns unnötig, schmerzen und lösen manchmal sogar aggressive Gefühle aus. Die eigene Trauer – so scheint es – ist kaum mitteilbar, sie ist einzigartig und fühlt sich auch gar nicht so an, wie sich Trauer anfühlen sollte. Darüber hinaus realisieren wir, dass andere Menschen nicht wirklich wissen wollen, wie es uns geht. Oder wir sehen, dass sie schmerzlich berührt sind und verzichten darauf, sie mit unserer Trauer zu belasten. Manchmal entschuldigen wir uns sogar für unseren Zustand. Oftmals empfinden wir gar nichts, sind gegenüber unseren eigenen und den Gefühlen anderer Menschen taub oder der Schmerz teilt sich roher mit, als wir erwartet haben. Oder wir werden von einer großen Unruhe gepackt. Auch das Gegenteil kann eintreffen, eine große Lethargie, die alles unendlich mühsam macht, die notwendigen Arbeiten erschwert und verhindert, dass wir die Voraussetzungen schaffen, neu anzufangen. Trauer kann einen chronischen Zustand annehmen – wir sprechen dann von einer *komplizierten Trauer*.

Der vorliegende Ratgeber soll Betroffenen und Angehörigen die notwendigen Informationen vermitteln, welche Bandbreite die Trauer haben kann, und wann es angezeigt ist, professionelle Hilfe aufzusuchen. Dieser Ratgeber ist für alle geschrieben, die entweder selbst direkt betroffen sind oder sich Sorgen um jemanden machen, der eine wichtige Bezugsperson verloren hat.

Bern, November 2004   *H. J. Znoj*

7

1 „Trauer" – was ist das?

Wenn uns unvermutet eine Person wegstirbt, deren innige und verständige Teilnahme uns von Jugend an begleitete, deren ununterbrochene Neigung uns gleichsam eine stille Bürgschaft für ein dauerndes Wohlergehen geworden war, so ist es immer, als stockte plötzlich unser eigenes Leben.

Eduard Mörike (1804–1875), dt. Dichter

Trauer ist kein Gefühl! Das mag zunächst etwas seltsam anmuten, denn wir alle kennen das Gefühl von Traurigkeit, wir alle kennen die Tränen, die dazu gehören. Diejenigen unter uns, die schon einen geliebten Menschen verloren haben, wissen aber auch, dass sich die Trauer ganz anders äußern kann. So gibt es Phasen nach dem Ereignis, in denen überhaupt keine Gefühle mehr vorkommen oder es gibt Zustände, in denen wir vor lauter Wut oder Bitterkeit das Glück anderer Menschen verwünschen oder Momente, in denen wir plötzlich überwältigt werden und das Gefühl haben, durchzudrehen. Trauer oder sich in Trauer befinden ist ein Zustand, der uns von anderen Menschen trennt und manchmal auch von uns selbst. Trauer verläuft nicht nach einem bestimmten Schema, sondern kann sich ganz verschieden äußern.

1.1 Wie äußert sich Trauer?

Ein Verlust einer nahe stehenden Person löst Schmerz, Angst, Gefühle der Hilflosigkeit oder Entsetzen aus. Dies steht ganz im Gegensatz zum Bild der Trauer, wie es uns oft vermittelt wird. Trauer wird als Bild einer ruhigen Winterlandschaft, eines Bächleins unter einer Eiskruste oder als entblätterter Baum umschrieben. Diese Bilder sollen die Kontinuität des Lebens und die Trauer als einen Teil des Sterbens und Werdens in der Natur versinnbildlichen. Dieses „Trauern" ist jedoch ein Mythos, der wenig Raum für individuelle Gefühle zulässt.

Die Trauer dauert oft länger und deren Ausdruck ist vielfältiger als allgemein angenommen. Aber die Trauer sollte auch nicht für immer andauern. Der Verlust muss einmal akzeptiert werden. Die Trauer beschränkt sich nicht nur auf den Verlust: Es müssen viele Dinge neu organisiert werden, unter Umständen stellen sich finanzielle Engpässe ein. Vorwürfe im Zusammenhang mit der Nachlassregelung können zusätzliche Schwierigkeiten bedeuten. Diese Vielzahl von Anforderungen erlaubt oft gar nicht, den verlorenen Menschen richtig zu verabschieden.

Die emotionale Belastung kann sich als Angst, Wut, Schuld und Trauer äußern und es kommen auch Gefühle der emotionalen Leere, Kälte oder Zustände von Erleichterung oder Einsamkeit vor. Versuche, diese Gefühle mittels Betäubungsmittel (Medikamente, Alkohol, Drogen) oder Vermeidungsverhalten zu regulieren sind meistens erfolglos oder können zu weiteren Störungen oder Einschränkungen führen. Gedankliche Ablenkung kann möglicherweise kurzfristig helfen, aber die wiederkehrenden Gefühle oder Bilder rufen den Verlust immer wieder ins Bewusstsein. Unrast und ein stetes Gefühl von Hilflosigkeit kann zu Überaktivität führen. Die innere Unrast hindert am Schlafen und raubt dem Körper die notwendige Ruhe und Gelassenheit, die zur Verarbeitung des Verlustes notwendig wäre. Bei sehr intensiver Trauer können emotionale Regulationsvorgänge nachhaltig gestört werden. Die emotionale Regulation bewirkt, dass wir uns in sozialen Situationen wohlfühlen, oder, wenn notwendig, auch emotional erregt zeigen können. Trauernde verhalten sich nicht immer richtig in sozialen Situationen. Das kann sich beispielsweise darin äußern, in Gesprächen besonders kurz angebunden zu sein und damit andere zu verprellen. Langfristig kann dies zu zwischenmenschlichen Schwierigkeiten und psychischen Problemen führen.

Annahmen und Mythen

Die wichtigsten (und oft irreführenden) Annahmen, die über die Bewältigung von Verlusten herrschen, sind im Folgenden aufgelistet:

– Einem Verlust schließt sich unvermeidlich eine hohe emotionale Belastung an. *Das stimmt nicht in allen Fällen: Seien Sie unbesorgt, wenn Sie Ihrem Schmerz unmittelbar noch keinen Ausdruck geben können oder wenn Sie emotional nicht so tief betroffen sind, wie Sie meinen, sein zu müssen!*

– Das Erleben intensiver emotionaler Belastung und eine depressive Verstimmung stellt eine notwendige Voraussetzung für den Heilungsprozess dar. Fehlt eine solche Reaktion, ist dies ein Zeichen einer krankhaften Entwicklung. *Auch das stimmt so nicht: tatsächlich sind in der ersten Zeit die meisten Personen hoch belastet, oft verbunden mit Antriebsschwäche oder dem Gefühl, das Leben sei sinnlos geworden. Das Fehlen solcher Symptome bedeutet aber nicht, dass der Heilungsprozess nicht eingesetzt hat.*

– Nach erfolgter „Trauerarbeit" kommt es zu einer vollständigen Erholung des psychischen Befindens. *Trotz abgeschlossenem Trauerprozess ist eine vollständige Heilung oft nicht möglich: die verstorbene Person kommt nicht mehr wieder. Die Lücke bleibt und sie tut auch noch nach Jahren weh.*

– Als Ergebnis erfolgreicher Trauerarbeit kann der Verlust nicht nur akzeptiert werden, sondern er bekommt auch eine Bedeutung für das eigene Leben. *Ein Verlust muss nicht unbedingt eine größere Bedeutung annehmen – diese Forderung ist nicht für alle Personen sinnvoll.*

Viele dieser Annahmen konnten durch die Forschung nicht bestätigt werden; sie prägen aber immer noch unser Bild des „richtigen" Trauerns. Umso wichtiger ist es für Sie als betroffene Person, sich von diesen Mythen nicht beeinflussen zu lassen.

Welche Trauerformen gibt es?

Im westlichen Kulturkreis können zwei konkurrierende Trauerauffassungen gefunden werden. Die kontinuierliche oder „romantische" Form der Trauer besteht gleichwertig neben einer anderen, manchmal auch als „modern" bezeichneten Art des Trauerns, bei der die Beziehung zur verstorbenen Person innerhalb relativ kurzer Zeit (wenige Monate bis höchstens wenige Jahre) aufgelöst wird. In der romantischen Trauer wird die Beziehung zur verstorbenen Person nicht aufgelöst, sondern bleibt bestehen. Das bedeutet, dass Sie sich nicht unnötig Sorgen machen müssen, wenn Sie auch noch nach Jahren eine lebendige Beziehung zu Ihrem verstorbenen Partner oder Angehörigen pflegen. Viel wichtiger ist, dass Sie sich in Ihren Gefühlen gegenüber der verstorbenen Person bewusst sind und dass diese Gefühle nicht mit Ihren Lebensplänen in Konflikt stehen.

Der Verlust eines geliebten Menschen kann sehr unterschiedlich erlebt werden – bei manchen ist die erste Zeit nach dem Verlust schrecklich verwirrend

– dieser Zustand hält jedoch nicht lange an, sondern macht allmählich einer gefühlsmäßig klaren Traurigkeit Platz, die das Alltagsleben nur wenig einschränkt. Bei anderen wird die Trauer weniger als Trauergefühl erlebt. Solche Menschen ziehen sich vielleicht eher zurück, behalten den Schmerz für sich und möchten in ihren privaten Gefühlen nicht belästigt werden. Doch manchmal wird aus einer vorübergehenden Trauer eine lang andauernde Beeinträchtigung.

Verschiedene Untersuchungen zeigen, dass die normale Trauerreaktion länger andauert als bisher angenommen. Menschen mit Partnerverlust leiden oft noch nach Jahren, wenn sie an den Verlust denken. Trotz der Unterschiedlichkeit der Trauerreaktionen nehmen normalerweise die Intensität, der Schmerz und die übrigen Anzeichen der Trauer über die Zeit ab. Wenn dies nicht der Fall ist, wenn auch nach Jahren immer noch starke Beeinträchtigungen des Gefühlslebens festzustellen sind, handelt es sich wahrscheinlich um eine „komplizierte" Trauerreaktion. Diese Reaktionen sind in den letzten Jahren genauer untersucht worden, und man weiß heute, dass eine komplizierte Trauerreaktion eine Störung darstellt, die psychologisch behandelt werden kann. Dies ist besonders der Fall, wenn weitere körperliche und psychische Symptome und Beeinträchtigungen auftreten, die mit den Gefühlen von Trauer in keinem direkten Zusammenhang stehen.

1.2   Wer trauert?

Menschen, die an außergewöhnlichen Trauerreaktionen leiden, sind gar nicht so selten. Der Verlust eines Lebenspartners im hohen Alter führt oft dazu, dass der überlebende Teil der Partnerschaft keinen Sinn im Leben mehr sehen kann und viel schneller gesundheitlich geschwächt wird, so dass der eigene Tod beschleunigt wird. In der Roland-Sage wird dieser „Liebestod" besungen: Aus dem umfangreichen Inhalt sei nur angeführt, dass eine Armee von Heiden Rolands Nachhut überfällt. Hier findet sich die berühmte Szene, in der Roland mit letzter Kraft in sein Horn Olifant bläst, um Kaiser Karl zu Hilfe zu rufen. Als die Roland versprochene Alde von seinem Tod hört, sinkt sie selbst vor Schmerz tot nieder.

Tod und Trauer gehören zusammen. Manchmal kommt es aber – wie in den folgenden Beispielen – zu Reaktionen, die nicht unmittelbar mit dem eigenen Verlusterleben zu tun haben: Der Tod prominenter Menschen, etwa

Lady Diana, kann eine weltweite Trauer auslösen. Es ist zu vermuten, dass das Gefühl der Trauer benutzt werden kann, dem eigenen Leben Sinn und Bedeutung zu geben. Der Tod von prominenten Menschen kann aber auch zu weiteren Todesfällen in dessen Anhängerschaft führen. Der Suizid von Curt Cobain (einem populären Musiker) führte zu Nachahmungssuiziden – ähnlich wie nach dem Erscheinen von Goethe's Werther.

Viele Menschen machen die Erfahrung, dass der Verlust einer nahen Person (Partner, Kind, Eltern) Angst oder auch Wut und Hilflosigkeit hervorruft. Manchmal kommt es auch zu einer Depression. Eine Depression kann als „Gefühlskälte" wahrgenommen werden – vor allem positive Gefühle wie Freude werden kaum mehr erlebt. Chronische Trauer kommt oft als Depression vor.

1.3   Wie entwickelt sich der Zustand der Trauer weiter?

Der Zustand der Trauer ist nicht, wie manchmal irrtümlich angenommen wird, konstant. Trauer gleicht vielfach einem gefühlsmäßigen Karrussell oder einer Achterbahn. Herzzerreißender Schmerz wechselt sich ab mit Fröhlichkeit und dann wieder Wut auf die Umstände, die es dazu kommen ließen. Diese „Wechselbäder" sind irritierend und weisen darauf hin, dass der Verlust noch nicht vollständig verarbeitet ist. Gedanklich sind wir oft schon weiter, meinen den Verlust akzeptiert zu haben, aber emotional dauert es länger als erwartet – oft kann es noch nach Jahren zu einer überraschenden emotionalen Reaktion kommen. Nicht wenige Menschen möchten schneller über den Verlust hinwegkommen, als ihnen das emotional möglich ist. Dieser Wunsch ist überhaupt nicht krankhaft und hat auch nichts mit Gefühlskälte zu tun – die Anforderungen des Alltags sind manchmal einfach so, dass wir uns „zusammennehmen" müssen, damit die Arbeit nicht verloren geht oder weil wir unseren Kindern Halt geben müssen. Allerdings können wir nicht immer die „Abkürzung" gehen. Es ist wichtig, Gefühle nicht zu verleugnen oder versuchen, diese aktiv zu unterdrücken. Solche Versuche schlagen meistens fehl und führen langfristig zu Problemen, die nicht mit der Trauer selbst zusammenhängen, sondern damit, wie wir mit den entsprechenden Gefühlen umgehen.

Das Vermeiden von Situationen, die Erinnerungen und emotionale Irritation auslösen, kann im Moment sehr entlastend sein. Wir wissen aber nie genau, ob sich bei einer späteren Begegnung diese Gefühle mit gleicher – das heißt überwältigender – Intensität wieder einstellen. Das erzeugt langfristig Verunsicherung, da wir uns selbst und unseren Reaktionen nicht mehr trauen können. Versuche in psychologischen Labors haben zudem gezeigt, dass das Unterdrücken von Gefühlen gerade in belasteten, stressreichen Situationen nicht mehr möglich ist. Das hat zur Folge, dass ausgerechnet dann, wenn die Situation einen klaren Kopf verlangt, unser Körper emotional reagiert und uns in einen gefühlsmäßigen Strudel zieht. Nicht zuletzt solche Erfahrungen bringen manche Trauernde dazu, sich immer mehr zurückzuziehen.

> Das Vermeiden und das Unterdrücken von Gefühlen und mit von starken Gefühlen begleiteten Gedanken und Erinnerungen ist die Triebfeder für eine ganze Reihe von emotionalen Störungen. Daher kommt es bei manchen Personen, die trauern, zusätzlich zu psychischen Problemen.

Die häufigsten mit der Trauer zusammen vorkommenden Störungen sind Angststörungen – vor allem posttraumatische Belastungsstörungen – und Depression. Nicht selten wird die Trauer von anderen Störungsbildern überlagert. Die wichtigsten sind im Folgenden kurz charakterisiert:

Posttraumatische Belastungsstörung

Menschen, die ein außergewöhnliches lebensbedrohliches Erlebnis hatten, leiden in der Folgezeit oft an einer posttraumatischen Belastungsstörung (PTB). Auch der Verlust eines geliebten Menschen ist ein schweres, belastendes Ereignis. Es kommt vor, dass Personen auf diesen Verlust ähnlich reagieren, wie das bei einer PTB festzustellen ist. Die posttraumatische Belastungsstörung äußert sich in immer wiederkehrenden sensorischen Eindrücken (Geruch, Hören, Sehen einzelner Bilder oder Szenen des erfahrenen Traumas, beispielsweise eines Unfallgeschehens), die so erlebt werden, als würden sie im Moment passieren. Eine hohe körperliche Erregtheit sowie das aktive Vermeiden bestimmter Situationen und Erinnerungen sind weitere Anzeichen einer PTB. Heftige Schuldgefühle („Überlebensschuld") können zu den oben beschriebenen Symptomen hinzukommen.

Betroffene erleben so genannte „Flashbacks" (plötzlich auftretende psychische Zustände, die mit dem Geschehen in Verbindung stehen), Albträume und starke körperliche Reaktionen wie Brechreiz, Schwitzen, Zittern. Die Vermeidungsreaktionen schließen zeitweiliges Unvermögen, sich an bestimmte Ereignisse oder Personen zu erinnern, ein vermindertes Interesse an Personen und Dingen, eine verminderte Fähigkeit, Gefühle zu erleben und zu zeigen und eine allgemein reduzierte Zukunftserwartung mit ein. Schlafstörungen, Konzentrationsschwierigkeiten und eine erhöhte Schreckhaftigkeit sind ebenfalls Teil dieser Störung. Die Symptome der PTB sind so einschränkend, dass eine Therapie bei einer auf diese Störung spezialisierten Fachperson angebracht ist.

Andere Angststörungen

Bei manchen, trauernden Menschen treten Angstgefühle auf. Diese Angstgefühle sind oft berechtigt – der Verlust eines nahe stehenden Menschen trifft uns in unserem ureigensten Selbstverständnis und ist oft genug auch verbunden mit der eigenen Existenz und Lebensweise. Allerdings können diese Ängste überhand nehmen und uns die Bewegungsfreiheit nehmen. Trifft der Verlust sowohl unsere materielle wie emotionale Sicherheit, so können sich regelrechte Furchtreaktionen bilden. Das Auftreten von Panikattacken, welches das hervorragende Merkmal dieser Reaktionen ist, wird durch das Erleiden eines Verlustes erleichtert. Bei den Panikattacken handelt es sich um sehr starke Furchtreaktionen, die ohne offensichtlichen situativen Auslöser ausbrechen und mit einer Vielzahl von physiologischen Reaktionen wie Herzrasen oder Schwitzen einhergehen. Begleitet sind die Symptome von einer Todesangst oder dem Gefühl, verrückt zu werden. Solche Panikattacken werden meist derart erschreckend erlebt, dass oft eine Notfallaufnahme in ein Krankenhaus erfolgt. Langfristig können sich Panikattacken zu einer Angststörung ausweiten. Furchtreaktionen nach kritischen Lebensereignissen sind ein Anzeichen dafür, dass sich die Welt für den Trauernden radikal geändert hat – sie müssen nicht notwendig in eine Störung münden. Wichtig ist in jedem Fall, dass Betroffene diese Reaktionen nicht aus Scham oder Furcht vor der Reaktion anderer verheimlichen, sondern offen damit umgehen und sie als Zeichen für eine sehr intensive Trauer deuten lernen.

Depression

Das Leiden und die Beeinträchtigungen, die ein Trauernder erfährt, gleichen in vielerlei Hinsicht den Symptomen einer Depression. Das Leben macht auf einmal keinen Sinn mehr, die Zukunft ist ungewiss und ohne die verstorbene Person wenig lebenswert. Wir empfinden uns als labil und sind gegenüber dem Einfluss positiver Stimmungen weitgehend immun. Und doch sind diese normalerweise in der Trauer vorkommenden Zustände nicht mit einer Depression im klinischen Sinne gleichzusetzen.

In der Trauer nimmt die depressive Symptomatik üblicherweise relativ schnell ab und wirkt sich nicht so stark negativ auf den Selbstwert aus. Zudem ist in der Depression im Gegensatz zur Trauer das Erleben positiver Affekte nicht oder kaum möglich, der Antrieb etwas zu tun fehlt viel umfassender, der Fluss der Gedanken ist viel eingeschränkter als in der Trauer. Es ist aber sehr wohl möglich, dass sich die Trauer einer Person zu einer Depression entwickelt. Wer schon vor dem Verlust an depressiven Verstimmungen gelitten hat oder deshalb schon in Behandlung war, bei dem ist das Risiko einer erneuten Erkrankung stark erhöht.

Nach wissenschaftlichen Quellen leiden noch rund 20 % aller Personen zwei Jahre nach einem Partnerverlust an einer klinisch relevanten – das heißt behandlungswürdigen – Depression. Eine Depression ist gekennzeichnet durch extreme Traurigkeit und Niedergeschlagenheit; die Stimmung ist ganz unten. Depressive Menschen können sich kaum mehr freuen, dafür empfinden sie manchmal eine unergründliche Angst und Nervosität. Eine Depression äußert sich zudem in Antriebslosigkeit, Interesseverlust (auch an Sexualität) und einem allgemeinen Rückgang an Spontaneität und Unternehmungslust. Nichts macht mehr Spaß. Auf der Verhaltensebene ist ein dramatischer Aktivitätsrückgang zu beobachten, teilweise bleibt man tagelang im Bett liegen, weil die Kraft fehlt, aufzustehen. Auch die Sprache selbst kann sich verlangsamen und verliert an Spannung und Ausdruckskraft. Gedanklich ist der depressive Mensch damit beschäftigt, sich ständig zu sorgen. Das Gefühl für einen selbst ist äußerst negativ, man hält sich für minderwertig, unfähig und manchmal sogar für böse. Depressive Menschen beschuldigen sich selbst, neigen dazu, immer das Schlimmste anzunehmen, und haben keine Hoffnung, dass sich die Dinge zum Positiven wenden. Oft nimmt auch die Kreativität zum Problemlösen ab und die Gedächtnisleistungen können stark beeinträchtigt sein. Körperlich kann sich die

Depression in Kopfschmerzen oder anderen Schmerzen äußern, Appetit- und Schlafstörungen gehören ebenfalls zum Störungsbild.

Sollten Sie jetzt den Eindruck haben, dass Sie unter einer Depression leiden, so bedenken Sie, dass der Verlust einer geliebten Person während einiger Monate das emotionale System vollständig durcheinander bringen kann. Treten aber deutliche Leistungsbeeinträchtigungen, eine andauernde Beschäftigung mit Gefühlen der eigenen Wertlosigkeit, Selbstmordgedanken oder psychomotorische Verlangsamung in hohem Maße und während längerer Zeit auf, ist eine professionelle Hilfe angezeigt.

Substanzmissbrauch

Manche Menschen greifen zu Alkohol, zu Medikamenten oder zu anderen, auch illegalen Drogen, um sich damit eine gewisse Erleichterung zu verschaffen oder um sich abzulenken. Das kann im Moment als eine gute Lösung gesehen werden, ist aber aus verschiedenen Gründen gefährlich. Wir wissen aus der Forschung, dass infolge eines Verlusts viele Menschen dazu neigen, vermehrt auf Substanzen zurückzugreifen. Vor allem Männer scheinen dafür gefährdet zu sein. Es ist keine so gute Idee, wenn Sie sich als Mann nach dem Tod Ihrer Lebensgefährtin daran machen, Ihren Weinkeller leer zu trinken. Das ist kein moralischer Ratschlag: Alkohol oder andere bewusstseinsverändernden Drogen greifen in die internen Regulationsvorgänge ein und verändern sie gerade so wenig, dass uns der Alltag wieder spannender oder angenehmer vorkommt. Da diese Regulation aber durch die Trauer schon aus dem Gleichgewicht geraten ist, können solche Substanzen den natürlichen Heilungsprozess verzögern oder gar verhindern. Sicher ist nichts gegen gelegentlichen Substanzkonsum einzuwenden; wenn sich der Konsum durch den Verlust jedoch erhöht hat oder gar zur neuen Gewohnheit geworden ist, sollten Sie den Gebrauch solcher Substanzen reduzieren oder nach Möglichkeit ganz unterlassen.

Suizid und andere Risiken

Der eigene Tod scheint manchem nach dem Tod des geliebten Menschen als beste Lösung. Die Illusion, durch den eigenen Tod der verstorbenen Person näher zu kommen, ist vor allem bei Kindern und Jugendlichen unausgesprochen vorhanden. Die Sehnsucht nach dem verstorbenen Menschen kann so mächtig sein, dass die Fantasie, sich im Jenseits mit dem Verstorbenen wieder zu vereinen, immer mehr Stärke gewinnt. Gefährdet sind vor allem Menschen, die ihren Partner verloren haben. Wenn Sie Gedanken an den Tod, an die mögliche Wiedervereinigung mit der geliebten Person selbst kennen oder wissen, dass jemand solche Gedanken hat, ist dringend Hilfe notwendig. Es hilft schon, wenn über Selbstmordgedanken gesprochen werden kann. Suizidale Krisen können von Freunden oder Bekannten durch genau geplante nächste Schritte aufgefangen werden. Professionelle Hilfe ist aber in jedem Fall angezeigt.

Schizophrenie (schwere Geisteskrankheit)

Die Trauer kann so stark werden, dass man meint „durchzudrehen". Viele Trauernde berichten darüber hinaus, dass sie die Stimme der verstorbenen Person hören oder glauben, diese in einer Menge anderer Personen zu erkennen. Es ist ganz wichtig zu wissen, dass die Trauer kein bekannter Risikofaktor einer schweren geistigen Erkrankung darstellt. Dies ist insofern wichtig, als viele Symptome, die im Zusammenhang mit einer intensiven Trauer vorkommen können, den Eindruck vermitteln, „verrückt" zu werden oder die Kontrolle über das Bewusstsein zu verlieren.

> Wenn Sie manchmal die Stimme Ihres verstorbenen Angehörigen oder Freundes hören oder ihn zu sehen glauben, ist dies kein Zeichen dafür, dass Sie in eine psychiatrische Klinik eingewiesen werden müssen – das sind Symptome, die in der Trauer vor allem bei schweren Verlusten relativ häufig berichtet werden. Sie sind ein Zeichen dafür, dass der geliebte Mensch noch als „lebend" erinnert wird und der Trauerprozess noch nicht abgeschlossen ist. Auch das Wiedersehen im Traum oder Ratschläge von Verstorbenen einholen sind keine Anzeichen einer beginnenden geistigen Erkrankung.

1.4   Wie wirkt Trauer auf andere?

Der Rückzug von anderen Menschen ist in der Trauer normal. Viele Menschen möchten in ihren ganz persönlichen Momenten der Trauer nicht von anderen gestört werden. Die Gedanken und Gefühle sind bei der verstorbenen Person. Die jähen Momente aufbrechender Gefühle sind anderen Menschen oft nicht nachvollziehbar, selbst schämt man sich vielleicht dieser Schwäche. Der Schmerz braucht viel Platz, auch im räumlichen Sinn. Allein zu sein ist nicht das schlechteste Mittel, den Verlust zu begreifen, die Welt gedanklich neu zu ordnen und den Gefühlen freien Lauf zu lassen. Neben den Gedanken, die um die verstorbene (oder getrennte) Person kreisen und den Verlust in seiner ganzen Tragweite bewusst machen, kreist das Denken auch darum, wie es wohl wäre, wenn bestimmte Ereignisse nicht stattgefunden hätten oder wenn bestimmte Dinge nicht unterlassen worden wären. Schuldgefühle kommen häufig vor. Das alles bewirkt, dass andere – auch nahe stehende Menschen – einen nicht immer verstehen können. Für die Umgebung (Familienmitglieder, andere nahe stehende Personen) sind solche Zustände schwer erträglich. Man möchte ja niemanden leiden sehen. Am liebsten möchte man zu der trauernden Person hingehen und ihr versichern, dass alles schon wieder gut wird. Das wäre in vielerlei Hinsicht der falsche Weg: Zum einen fühlt sich die trauernde Person in ihrer Trauer und ihrem Schmerz nicht richtig verstanden und zum anderen ist Trauer kein Zustand, den man möglichst schnell weg haben möchte. Aussagen wie: „das sieht in ein paar Wochen alles anders aus" und allgemeine (billige) Trostworte sollten also besser nicht geäußert werden. Oft reagieren trauernde Personen sogar schroff und ungehalten auf gut gemeinte Hilfsangebote. Und: niemand kann die verstorbene Person ersetzen, zumindest nicht auf der emotionalen Ebene. Was aber ist, wenn diese Trauer nicht aufhört, wenn die Trauer des einen Familienmitglieds zum Terror der Anderen wird?

Die Last der Trauer drückt auf das Gemüt. Das Lachen und die Unbeschwertheit von Außenstehenden sind für den trauernden Menschen schwer erträglich, für die Umgebung können umgekehrt die Freudlosigkeit und der Schmerz alles Fröhliche, Lebendige ersticken. In Familien, die ein Mitglied verloren haben, kann es zu wechselseitigen Missverständnissen kommen: Da auch in der schwersten Trauer Momente der Fröhlichkeit in den einzelnen Personen aufkommen können, fühlen sich die anderen gerade dadurch gestört oder die seltenen Momente der Fröhlichkeit werden aus Rücksichtnahme und Pietät unterdrückt. Sollten diese Zustände innerhalb eines Familienverbandes zu lange anhalten, kann die Trauer chronifizieren, d. h. die natürlichen Selbstheilkräfte werden zurückgebunden und die Trauer nimmt allen die Lebenslust.

Man weiß aus wissenschaftlichen Untersuchungen, dass Partnerschaften oft am Tod eines Kindes zerbrechen. Das alles bedeutet, dass der Tod eines

Familienangehörigen für alle Mitglieder der Familie einen enormen Stress darstellt. Kinder fühlen sich auf einmal nicht mehr geliebt, teilweise müssen auch neue Rollen eingenommen werden. Das übrige soziale Umfeld reagiert hilflos, weil angebotene Dienstleistungen abgelehnt werden. Der unterschiedliche Umgang mit der Trauer trägt dazu bei, dass sich betroffene Angehörige abgelehnt fühlen oder gar den Eindruck bekommen, die anderen seien vom Tod völlig unberührt. Diese „Entfremdung" von nahen Angehörigen bedeutet ein zusätzliches Risiko. Eine Mutter, deren Tochter vor einiger Zeit (sieben Jahre zum Zeitpunkt des Interviews) im Krankenhaus verstorben war, schildert diese Entfremdung mit folgenden Worten:

Beispiel

Die erste Zeit war der Schmerz alles beherrschend. So groß, dass der Körper eine einzige, große, schmerzende Wunde war und die Gefühle und Gedanken darin gefangen waren … Dann kam der Tag, wo ich merkte, dass die Beziehung zu meinem Sohn an einem gefährlichen Punkt angekommen war und dass er dringend Hilfe brauchte, genau wie ich.

Das war der erste Schritt in unser heutiges Leben. Ich holte Hilfe bei meinem Hausarzt und ganz langsam kam ich von weit unten, Schritt für Schritt ans Licht. Ich merkte wieder, dass andere Leute auch Sorgen hatten, konnte endlich meinem Sohn helfen, seine Trauerarbeit zu beginnen und plötzlich konnten wir zusammen weinen, lachen usw. Das Leben hatte uns wieder; bewusster, zufriedener, glücklicher (mit weniger Forderungen).

Anonym, Mutter, 47-jährig

Neben der gefühlsmäßigen Entfremdung können Handlungen anderer Menschen verletzend wirken. Das folgende Beispiel zeigt dies:

Um seine Trauer in den Griff zu bekommen und nicht immer an das verstorbene Kind erinnert zu werden, bringt der Vater eines Tages alle Spielsachen zu einem bekannten Hilfswerk. In der Annahme, dass damit das Andenken und die Gegenstände durch die Weggabe an bedürftige Kinder aufgewertet werden, missachtet er die Gefühle seiner Frau. Diese fühlt sich durch seinen rücksichtslosen Akt massiv verletzt, betrogen um ihre Erinnerungen; sie zürnt ihrem Mann, dass er sie übergangen hat. In seiner Isolation hat er die Gefühle seiner Frau völlig missverstanden – er hatte angenommen, dass sein Handeln die Trauer seiner Frau lindern würde. Jetzt sieht er sich mit Vorwürfen konfrontiert und muss völlig konsterniert feststellen, dass die Verzweiflung und Trauer seiner Frau durch seine Tat noch zugenommen hat.

Trauer betrifft nicht nur diejenigen Menschen, die durch den Verlust am meisten Schmerz erleiden, sondern auch die soziale Umgebung: Falsche Rücksichtnahme, (zu) schnell gesagte tröstende Worte oder schroff zurückgewiesene Hilfeleistungen sägen am sozialen Netz, dass jeder von uns braucht. Durch Trauer vereinsamte Personen sind gar nicht so selten – der Wandel vom sozial integrierten Menschen zur vereinsamten Person ist oft schleichend und wird deshalb kaum wahrgenommen. Eine intensive Trauer fordert auch von der Umgebung – also den nicht unmittelbar betroffenen Personen – viel Engagement und Geduld. Falsche Rücksichtsnahme oder auch Scheu vor der Verletzlichkeit der trauernden Person sind fehl am Platz.

Die Scham davor, andere mit der eigenen Trauer zu belästigen und der Rückzug, die mit der Trauer verbunden sind, verhindern oft das Aufrechterhalten von wichtigen Beziehungen. Damit ist die Genesung in einem gesunden sozialen Umfeld gefährdet.

2 Wie entsteht „komplizierte Trauer" und warum geht sie nicht von alleine weg?

Die komplizierte Trauer ist eine übersteigerte und/oder eine verlängerte Form der natürlichen Trauerreaktion. Die Komplizierung kann durch die Überlagerung einer bestehenden psychischen Störung entstehen. Eine komplizierte Trauer ist dadurch charakterisiert, dass einzelne Schritte oder Phasen der Trauerverarbeitung nicht abgeschlossen werden können. Die Intensität der Trauer ergibt sich vor allem durch die Bedeutung, die die verstorbene Person für den Angehörigen hatte. Probleme in der Beziehung zur verstorbenen Person wirken sich sehr oft erschwerend auf den Trauerprozess aus.

2.1 Der normale Verlauf der Trauer

Der normale Verlauf der Trauer kann als graduelle Abnahme des Trauerschmerzes betrachtet werden; entsprechende Phasen der Trauer werden individuell unterschiedlich erlebt. Die erste Zeit wird von vielen Trauernden als Zustand des Schocks erlebt – sogar wenn der Tod erwartet war – und die Realisierung, dass der geliebte Mensch nicht mehr vorhanden ist, manifestiert sich erst langsam und oft in alltäglichen Situationen. Mit dem Realisieren des Verlustes setzt die emotionale Auseinandersetzung ein. Der Schmerz und die Trauer, respektive das komplexe Gemisch von Emotionen braucht viel Kapazität zur Verarbeitung; deshalb ist mit der Trauer normalerweise ein sozialer Rückzug zu beobachten. Damit geht eine umfangreiche gedankliche Verarbeitung einher, welche die Veränderung von Erwartungen und Zielen einschließt. Zu Beginn einer intensiven Trauer kann es zu Symptomen kommen, die von den Betroffenen als seltsam, „verrückt" oder peinlich wahrgenommen werden, wie intensives Träumen, halluzinierte Stimmen oder das Gefühl von Präsenz der verstorbenen Person. Diese Erscheinungen sind vorübergehend, können aber sehr verunsichernd wirken. Emotionale Instabilität wie häufiges, unkontrolliertes Weinen ist ebenfalls ein typisches Zeichen der Trauer.

Trauerarbeit

Das Hin und Her zwischen dem Realisieren des Verlustes und der Realitätsverleugnung (das kann nicht sein) ist ein Zeichen der Auseinandersetzung mit dem Tod. Dies wird manchmal als „Durcharbeiten" bezeichnet. Die Trauerarbeit besteht darin, sich immer wieder den Anforderungen der neuen Realität zu stellen – das heißt, den Verlust anerkennen, ihn emotional zu erleben – und die notwendige gedankliche Anpassung zu leisten sowie neue Wege zu finden, die eigenen Bedürfnisse ohne die verstorbene Person zu befriedigen. Wird diese Trauerarbeit nicht geleistet, kann es zu chronischen psychischen und psychosomatischen Reaktionen kommen. Das Arbeiten an dieser emotional anforderungsreichen Aufgabe führt dazu, dass der Trauerschmerz allmählich nachlässt. Trauer wird immer noch gefühlt, auch Reaktionen wie Weinen oder Zukunftsängste können immer noch in entsprechenden Situationen ausgelöst werden, aber der Verlust ist integriert und die Trauerarbeit kann als abgeschlossen gelten. Dieser Prozess ist zeitlich schwer zu begrenzen, und er ist abhängig von einer Vielzahl von Faktoren wie soziale Unterstützung oder aktuelle Lebensumstände.

Eine wichtige Rolle kommt der Beziehung zur verstorbenen oder auch getrennten Person zu. Gemeinsame Pläne und Ziele, ein geteiltes soziales Netz mit gemeinsamen Bekannten, geteilte Ansichten und Aktivitäten, das gemeinsame Sexualleben, gemeinsam getragene Verpflichtungen oder der gegenseitige Ansporn und Trost sind Teil des komplexen Bildes, das die Trauerreaktion färbt und intensiviert. Das Hin und Her der Gefühle ist ein wichtiger Risikofaktor für das Entstehen einer komplizierten Trauer. Daraus geht hervor, dass die Trauer um ein verstorbenes Kind oder die Trauer um einen Lebenspartner ganz anders erlebt wird und sich deshalb Trauerereignisse nicht miteinander vergleichen lassen.

Jede Trauer ist anders. Trauer wird von Mensch zu Mensch anders erlebt. Die einzigartige Beziehung zur verstorbenen (getrennten) Person macht einen Großteil unseres Verlustschmerzes aus und prägt damit die Trauerreaktion.

2.2 Die Trauerarbeit erschwerende Faktoren

Gefühle der Hilflosigkeit

Der Verlust einer geliebten Person erzeugt in allen Menschen das Gefühl von Hilflosigkeit und des Ausgeliefertseins. Nun weiß man aus der Forschung, dass Gefühle der Hilflosigkeit ein bekannter Risikofaktor für die Entstehung oder Aufrechterhaltung psychischer Störungen sind. Daraus ergibt sich, dass starke Gefühle der Hilflosigkeit den Trauerprozess selbst negativ beeinflussen können. Es ist deshalb wichtig, diese Gefühle der Hilflosigkeit, die aus dem Verlust entstehen, auf den Verlust selbst zurückzuführen und nicht auf andere Aspekte des eigenen Lebens auszudehnen.

Selbstvorwürfe und andere unproduktive Gedanken

Selbstvorwürfe im Zusammenhang mit dem Tod eines geliebten Menschen können ihre Berechtigung haben, halten jedoch die Trauerverarbeitung auf. Gedanken, die neben der Trauer als Grundgefühl weitere Emotionen wie Schuld, Ärger, Angst oder Scham hervorrufen, können im Zusammenhang mit der Verarbeitung einer Trauer eine Komplizierung des Trauerprozesses auslösen. Beispiele für solche Gedanken sind: „Er verließ mich, weil ich eine so schreckliche Person bin" (Scham); „Warum nur ist er gegangen, dieses ***?!" (Ärger); „Wie kann ich nur überleben ohne sie?" (Angst); „Oh wie vermisse ich doch die guten Zeiten, die wir gemeinsam hatten!" (nostalgische Gefühle). Naturgemäß ist es sehr schwer, diese Gedanken NICHT zu haben. Am besten ist es, offen damit umzugehen und solche Gedanken oder Gefühle nicht aus Scham für sich selbst behalten; das Unterdrücken dieser Gedanken führt erst recht dazu, dass sich diese immer wieder ins Bewusstsein drängen.

Grübeln

Wenn wir einen wertvollen Menschen verloren haben, müssen wir unwillkürlich oft an ihn denken. Grüblerisches Verhalten schließt aber mehr ein, als nur das Andenken: Es ist ein ausschweifendes Denken und Nachdenken um Dinge, die mit dem Verlust oft nur entfernt zusammenhängen. Wenn wir zum Beispiel ständig an unser eigenes Verhalten denken oder überlegen, was wohl gewesen wäre, wenn dies oder das nicht geschehen wäre, so beschäftigen wir uns statt mit dem emotionalen Aspekt des Verlustes mit Dingen, die nur indirekt mit dem verlorenen Menschen zu tun haben. Statt uns richtig abzulenken, beschäftigen wir uns aber dennoch immerzu mit dem Verlust und verhindern dadurch wichtige Erholungsphasen. Die Einrichtung von „Grübelzeiten" kann helfen, diesem fortwährenden Nachdenken und Überlegen Schranken aufzuerlegen. Das Grübeln kann als Kompromiss zwischen dem Zulassen starker Gefühle und einem eigentlichen Ablenken von der Trauer betrachtet werden. Deshalb haben diese „Grübelgedanken" auch nicht die Kraft, uns zum Handeln anzuregen – sie finden anstelle bestimmter Handlungen statt und hindern uns, notwendige Veränderungen im Leben vorzunehmen.

Der Trauerprozess verlangt eine emotionale Auseinandersetzung mit dem Verlust; wenn aber die Erholungsphasen dazwischen nicht oder zu wenig intensiv stattfinden, kommt es zu einer Überforderung. Das exzessive Beschäftigen mit dem Verlust (das Grübeln) stellt einen erheblichen Risikofaktor für eine krankhafte Entwicklung dar.

Mangelnde soziale Unterstützung

Trauernde bekommen oft das Unverständnis ihrer Umgebung zu spüren. In der Berner Untersuchung zum Kindstod (z. B. Znoj & Keller, 2002) berichtete ein Elternpaar über die zurückweisende und (aus ihrer Sicht) beleidigende Behandlung durch medizinisches Personal im Krankenhaus, nachdem die Eltern über ein Jahr mehrmals nach Antworten auf die Frage suchten, woran denn ihr Kind gestorben war. Fragen zu haben, auf die es keine befriedigende Antworten gibt, isoliert und macht einem die anderen Menschen fremd. Untersuchungen zeigen, dass die Unterstützung von Freunden und Angehörigen wichtig ist und von den meisten als hilfreich eingeschätzt wird. Es ist allerdings nicht leicht, den Schritt aus der Trauer zu machen – bei Menschen mit ähnlichem Erfahrungshintergrund ist es noch am ehesten möglich. Selbsthilfe- und Betroffenengruppen können eine gute Möglichkeit sein, dieser Isolation entgegenzuwirken.

Einseitige Bewältigungsstrategien

Als Schutz vor emotionaler Überlastung dienen verschiedene Formen von Bewältigungshandlungen. Viele Menschen haben im Laufe ihres Lebens Strategien im Umgang mit schwierigen Situationen gefunden. Beispiele sind mit Freunden reden, wenn es einem schlecht geht, an die frische Luft gehen, sich etwas gönnen, etwas Gutes essen, rauchen oder trinken. Diese Bewältigungsformen sind jedoch nur bedingt geeignet, wenn es um die Verarbeitung eines seelischen Schmerzes geht. Für die emotionale Verarbeitung braucht es Ruhe, und es braucht auch das Erleben positiver Gefühle. Deshalb kommt der Ablenkung eine wichtige Rolle zu. Das Erleben von Freude, lachen können wegen eines gelungenen Witzes oder einer komischen Situation, steht nur scheinbar im Widerspruch mit dem Trauern: Immer wieder wurde in Untersuchungen gefunden, dass das Erleben positiver Gefühle für den guten Trauerverlauf wichtig ist. Die Fähigkeit, einer schlimmen Situation eine gute Seite abzugewinnen, ist auch in der Verarbeitung eines schmerzhaften Verlustes wichtig und nützlich. Ein solches Verhalten ist kein Zeichen einer mangelnden Trauer, eines mangelnden Schmerzes oder einer fehlenden Einsicht in die Realität des Verlustes. Für den trauernden Menschen ist es sehr wichtig, positive Gefühle zulassen zu können. Sie geben Kraft, mit den schmerzhaften Verlustgefühlen besser umzugehen und den Verlust damit besser zu verarbeiten.

Einseitige Bewältigungsstrategien, die hauptsächlich auf das Vermeiden schmerzhafter Gefühle abzielen, sind jedoch ein Risikofaktor für den weiteren Verlauf.

Ablenkung ist nützlich, damit es zur Erholung kommt. Das Erkennen positiver Aspekte fördert die Verarbeitung der Trauer. Risikoreich ist hingegen das Vermeiden von allem, was mit dem Verlust zusammenhängt.

2.3 Die Entstehung der komplizierten Trauer

Die obenstehenden Risikofaktoren haben einen wichtigen Anteil am Entstehen einer komplizierten Trauerreaktion. Sie sind in der Abbildung 1 nochmals zusammengefasst dargestellt.

Die meisten Trauernden machen die Erfahrung, die *neue* Realität als unwirklich, fremd oder unwahr zu erleben. Diese Zeit des Schocks und von Reaktionen wie „das kann einfach nicht wahr sein" wird meist abgelöst von scheinbar unkontrollierbarem Schmerz und sehr intensiven Gefühlen.

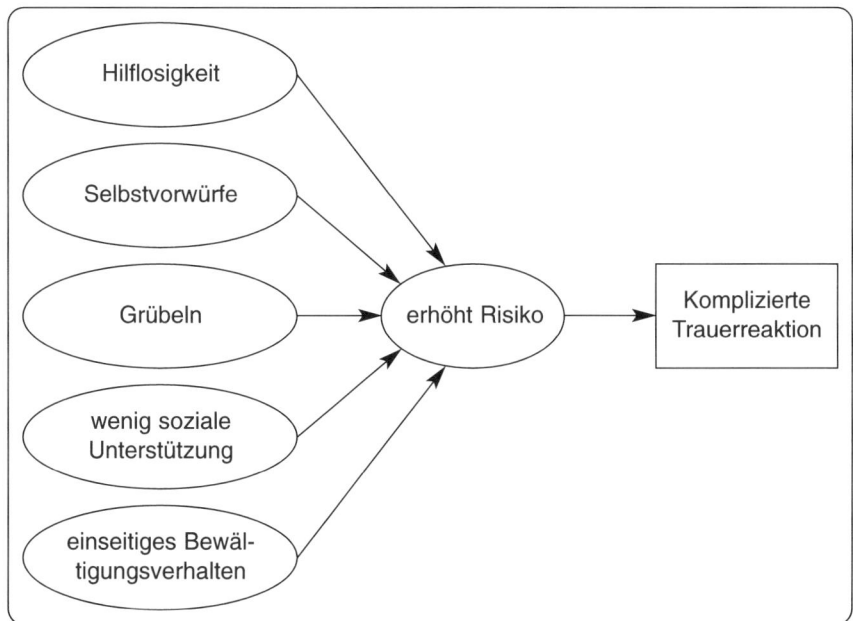

Abbildung 1: Die fünf hauptsächlichsten Risikofaktoren sind neben einer schon bestehenden psychischen Störung erlebte Hilflosigkeit, Selbstvorwürfe im Zusammenhang mit dem Verlust, ständiges Nachdenken (Grübeln), wenig soziale Unterstützung und ein einseitiges, problematisches Bewältigungsverhalten.

Manchmal verharren wir aber auch länger als es gut wäre in dem Zustand der Verleugnung, indem wir uns vor der Konfrontation mit dem Verlust schützen.

Das Akzeptieren des Verlustes schließt auch ein, dass wir unsere neue Rolle als Witwe, Witwer oder als verwaiste Eltern, Kinder oder Geschwister akzeptieren lernen. Das kann aus verschiedenen Gründen misslingen: Die neue Rolle ist mit sozialer Abwertung verbunden oder wir können uns mit der neuen, aufgezwungenen Rolle nicht identifizieren oder wir lehnen es überhaupt ab, uns entsprechend dieser Rolle zu verhalten. Da diese Verleugnung der Wirklichkeit nicht dauerhaft aufrechterhalten bleiben kann, kommt es immer wieder zu einem sich aufdrängenden und deshalb auch immer wieder schockierenden Realisieren des Verlustes und damit verbunden, zu einer unkontrollierbaren emotionalen Reaktion.

2.4 Das Aufschaukelungsmodell der komplizierten Trauer

Im Folgenden wird ein Reaktionskreis beschrieben, der das Aufrechterhalten einer komplizierten Trauerreaktion modellhaft beschreibt. Es ist wichtig zu wissen, dass dieses Modell nur ein Schema zur Erklärung einer solchen Trauerreaktion ist und mit der erlebten Wirklichkeit des eigenen Verlustes nur schwer in Verbindung zu bringen ist. Zur Verarbeitung eines schweren Verlustes kann es manchen Menschen jedoch helfen, sich ein solches Schema zu vergegenwärtigen.

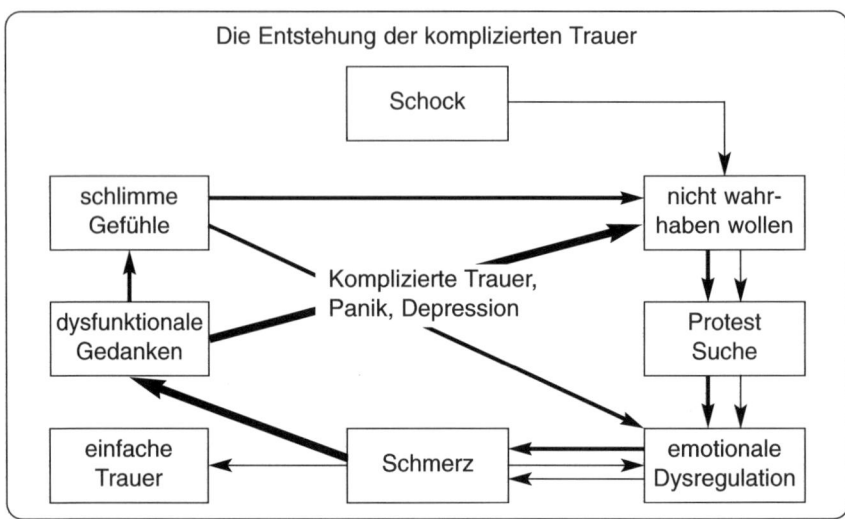

Abbildung 2: Die Abbildung zeigt das Aufschaukeln der Trauerreaktion durch dysfunktionale Gedanken (Kognitionen) und dadurch ausgelöste intensive Gefühle wie Ärger oder Schuld. Sowohl die Kognitionen selbst als auch die damit verbundenen Gefühle verstärken die Verleugnung des Verlustes. Der anfängliche Protest gegen den Verlust wird abgelöst durch einschießende Erinnerungen und Gefühle, die wiederum das emotionale Gleichgewicht stören. Wenn der Schmerz zu groß wird, entsteht durch die positive Rückkoppelung (dargestellt durch die stärkeren dunklen Pfeile) ein überdauernder Reaktionskreis der beginnenden Trauerreaktion, der schlussendlich in einen chronischen krankhaften Zustand mündet. Durch die Symptombildung wird der Schmerz auf eine problematische Weise reduziert.

Der Prozess der Aufschaukelung – also der Intensivierung oder Verlängerung der Trauerreaktion – wird durch verschiedene Faktoren aufrechterhalten. Der wichtigste Faktor sind dysfunktionale Gedanken hinsichtlich des Trauerschmerzes. Es sind Gedanken wie „ich verliere die Kontrolle", „ich werde verrückt", „etwas ganz Schlimmes passiert mit mir" oder „es ist nicht normal, was mit mir passiert". Aber auch Gedanken wie „wenn ich nicht richtig trauere, sind meine Gefühle gegenüber meinem Liebsten nicht echt" oder „richtiges Trauern ist mit Schmerz und Tränen verbunden" können dazu beitragen, dass der Schmerz intensiviert wird. Dieser Aufschaukelungsprozess ist in Abbildung 2 symbolisch dargestellt.

2.5 Leide ich an einer komplizierten Trauerreaktion?

Abzuschätzen, ob eine Trauer „normal" oder bereits „krankhaft" ist, ist nicht einfach. Wie kann ich selbst feststellen, ob ich an einer komplizierten Trauerreaktion leide? Auf Grund von Untersuchungen kennen wir heute Aussagen und Verhaltensweisen, die Hinweise auf eine behandlungsbedüftige Trauer geben können. Es sind Reaktionen wie:

– Ich weine immer (nach Monaten, Jahren) noch, wenn ich an die verstorbene Person denke.

– Ich kann den Tod dieser Person nicht akzeptieren.

– Sogar jetzt tut es noch sehr weh, wenn ich mich an die verstorbene Person erinnere.

– Ich denke (zu) oft an die verstorbene Person.

Arbeitsblatt 1 (vgl. Anhang, S. 58) entspricht der deutschen Version eines Fragebogens zur komplizierten Trauerreaktion, der Hinweise auf eine komplizierte Trauerreaktion geben kann.

Diesen Fragebogen können Sie selbst auswerten, indem Sie die einzelnen Punkte nach den Vorgaben (vgl. S. 62) zusammenrechnen. Doch auch wenn Sie feststellen, dass Sie unter einer schweren oder eben komplizierten Trauer leiden, muss das noch nicht bedeuten, dass Sie unverzüglich einen Therapieplatz suchen müssen. Zudem ist das angegebene Zeitkriterium äußerst kurz bemessen. Viele Forscher empfehlen, erst nach mehr als 13 Monaten von komplizierter Trauer zu sprechen. Das Ergebnis des Fragebogens kann als Hinweis dafür verstanden werden, dass Sie schwer am Verlust tragen und Sie gefährdet sind, auch langfristig unter diesem Verlust zu leiden.

2.6   Wann sollten Sie Hilfe beanspruchen?

Auch wenn der Schmerz, die Einsamkeit und die plötzlichen emotionalen Schübe, welche die Trauer begleiten, durchaus normal sind, so gibt es doch Bedingungen, bei deren häufigem Vorkommen Sie professionelle Hilfe suchen sollten. Wenn Ihre Umgebung anfängt, sich zurückzuziehen oder besonders Rücksicht auf Sie nimmt, sollten Sie dies als ein Zeichen werten, sich Hilfe zu holen.

Sie sollten sich ernsthaft überlegen, mit jemandem über Ihre Trauer zu sprechen, wenn eines der folgenden Symptome öfter oder intensiv vorkommt:

– *Starke Schuldgefühle*, die mehr beinhalten als die Handlungen oder Unterlassungen, die Sie im Moment des Todes Ihres geliebten Menschen getan haben.

– *Gedanken an einen Freitod*, die über den Wunsch „es wäre besser, wenn ich auch tot wäre" oder den Gedanken, mit Ihrer verstorbenen Person zusammenzukommen, hinausgehen.

– *Extreme Hoffnungslosigkeit*, welche in Ihnen den Eindruck hinterlässt, dass Sie niemals, wenn Sie noch so hart an sich arbeiten, aus dieser Hoffnungslosigkeit herauskommen und das Leben niemals wieder lebenswert wird.

– *Andauernde Spannung und Erregung oder tiefe Depression*, das Gefühl, eingeschlossen oder eingefroren zu sein oder eine starke Verlangsamung, welche über mehrere Monate anhält.

– *Physische Symptome*, wie starkes Herzstechen oder ein starker Gewichtsverlust, der eine Bedrohung für Ihr körperliches Wohlbefinden darstellt.

– *Unkontrollierbare Wut*, die Ihre Freunde und Bekannte veranlasst, sich zurückzuziehen oder auch eine stille Wut, die sich in Rachegedanken äußert, um den Verlust zu „sühnen".

– Zunehmende und anhaltende *berufliche Schwierigkeiten oder Probleme*, alltägliche Arbeiten und Pflichten wahrzunehmen.

– *Substanzmissbrauch,* zu viel Alkohol, Medikamente oder sonstige Drogen, die Sie benützen um den Schmerz zu lindern, der Ihnen den Verlust verursacht hat.

Alle diese Symptome können zwischenzeitlich in der Trauer vorkommen – sie sind normal in der Trauer. Wenn die aufgeführten Symptome allerdings länger andauern und nicht abnehmen, so sind dies Anzeichen einer komplizierten Entwicklung und bedürfen unbedingter Aufmerksamkeit von jemandem, der mehr als nur informelle Unterstützung geben kann.

2.7 Symptome der komplizierten Trauer

Wie bereits hingewiesen, sind sich viele Symptome der einfachen und der komplizierten Trauer sehr ähnlich. In der komplizierten Trauer sind die Symptome oft überlagert von einer Angstsymptomatik, von körperlichen Beschwerden oder anderen Störungen. Es gibt auch die Formen chronischer Trauer, in denen in bestimmten Lebensabschnitten die Thematik des Verlustes wieder auftaucht. Dies ist ein Zeichen für eine komplizierte Trauer, die ein „aktives Gedächtnis" beinhaltet, das sich in bestimmten Situationen wieder bemerkbar macht. Häufig kommen übertrieben scheinende Traueräußerungen wie ständiges, unkontrolliertes Weinen vor. Die Trauer kann sich weiter als körperlicher Schmerz äußern.

Viele Trauernde erleben Trauer weniger als „Gefühl", sondern als Schmerz. Das ist ein Zeichen des Ungleichgewichtes – wir befinden uns sozusagen in Alarmbereitschaft. In der Trauerphase der Realisation reagiert der Körper mit Magenkrämpfen, erhöhtem Blutdruck, das Herz krampft sich zusammen, wir sind extrem müde, kurzatmig, haben Appetit- und Schlafstörungen, sind verspannt und wir sind anfälliger für alle möglichen Infektionserkrankungen. Das sind „normale" Reaktionen auf einen Verlust. Viele Menschen erleiden Schmerzen an Organen, die bei der verstorbenen Person als Todesursache festgestellt wurden. Die Phase des Schmerzes sollte als „Sprache" der Trauer verstanden werden – Maßnahmen, diesen Schmerz zu unterdrücken wie Betäubungsmittelmissbrauch, verhindern die Auseinandersetzung und damit die Verarbeitung der Trauer. Weitere Symptome einer komplizierten Trauerreaktion sind extremer Rückzug aus allen sozialen Verpflichtungen und Zusammenkünften, das Vermeiden von Gegenständen und Situationen, die Trauergefühle auslösen können, oder hektische Betriebsamkeit.

Die meisten Menschen ziehen sich in der Phase der Trauer zurück. Dieser Rückzug ist auch notwendig, damit der Verlust emotional verarbeitet werden kann. Von einer komplizierten Trauerreaktion kann erst gesprochen werden, wenn dieser Rückzug zum Verfall von Freundschaften und sozialen Beziehungen führt. Hektische Betriebsamkeit kann als Ablenkungsstrategie verstanden werden – sie kann dazu dienen, sich gefühlsmäßig abzutöten. Man reagiert rein mechanisch auf Umweltanforderungen, hat kein Gefühl mehr für das eigene Befinden. Der Vorteil ist, man wird nicht von Gefühlen überflutet und kann funktionieren. Auch hier ist wieder anzumerken, dass viele Trauernde durch solche Phasen gehen – von einer komplizierten Reaktion kann erst gesprochen werden, wenn die Phase der hektischen Betriebsamkeit den Zugang zu den eigenen Gefühlen vollständig blockiert und die Gefühle anderer Menschen verletzt.

Auf der gedanklichen Ebene finden sich in der komplizierten Trauer Zustände der Verwirrung, magisches Denken, intensives Träumen, Schlafstörungen, Gedankenrasen, fixe Ideen, Schuld- und Sühnegedanken, religiöse (Wahn-) Ideen und problematische Überzeugungen (der Tod ist eine Strafe Gottes). Aber auch hier gilt: all das existiert auch in der normalen Trauerreaktion. Erst die Intensivierung, die Unmöglichkeit, diese Gedanken als abwegig zu entwerten oder zu stoppen oder Alternativgedanken zu haben sind Anzeichen einer komplizierten Trauerreaktion.

Zu viel Trauer kann zu chronischer Trauer und zu körperlichen Beschwerden führen. Körperliche und psychische Symptome der komplizierten Trauer beinhalten Schmerz, besonders Herzschmerz, Angst, Panikattacken, Depression und Gefühlskälte.

3 Was kann man dagegen tun?

Sie können selbst recht viel dazu beitragen, den Verlust eines nahen Menschen ohne Komplikationen zu verarbeiten. Traurigkeit ist die natürliche Reaktion auf einen Verlust, genau wie Schmerz die natürliche Reaktion auf eine Verletzung darstellt. Sich traurig fühlen zu können ist gleichsam der Weg zur inneren Genesung. Deshalb sollten sie sich gegen dieses Gefühl nicht wehren, auch wenn das grausam weh tut. Im Folgenden wird ein vereinfachtes Phasenmodell der Trauer dargestellt und zu jeder Phase einige Maßnahmen, die Sie selbst anwenden können. Auch wenn Sie diese Phasen selbst nicht so deutlich wahrnehmen oder die Phasen immer wieder wechseln, sind die dargestellten „Aufgaben" eine Möglichkeit, die Trauer besser zu verarbeiten – Sie werden selbst am besten wissen, was für Sie im Moment stimmig ist.

3.1 Die Phasen der Trauer

In der Trauer können bestimmte Phasen oder überdauernde Zustände beschrieben werden. Diese Phasen unterliegen keinem strengen zeitlichen Ablauf, sondern können sich abwechseln. In der Schock-Phase weigert man sich, den Verlust anzuerkennen. Als weitere Folge kommt es zu einem emotionalen Aufschrei und zur emotionalen Dysregulation, die allmählich in einem klaren Schmerz und als gefühlte Trauer ihren Ausdruck findet. Diesen idealisierten Verlauf bezeichnet man allgemein als Trauerreaktion.

3.1.1 Die Phase des Schocks

Die erste Phase der Trauer ist die unmittelbare Reaktion: „Das darf nicht wahr sein." Wir können den Verlust nicht fassen – zu unmittelbar reißt uns die Nachricht aus dem Alltagsleben, der Schock ist zu groß. Sogar wenn wir den Verlust, den Tod der geliebten Person erwartet haben und täglich damit rechnen mussten, zeigt sich erst jetzt, dass wir im Grunde immer noch gehofft haben, es möge anders enden. Manche Menschen fühlen dabei gar nichts, andere brechen unter dem Chaos der Gefühle zusammen und fühlen nur noch unkontrollierbare Verzweiflung. Es geht wie ein einziger Aufschrei durch unseren Körper und überwältigt unser Auffassungsvermögen. In dieser Phase handeln wir oft so, als ob der Tod, die Trennung nicht stattgefunden hätte. Zum Beispiel decken wir den Tisch nach wie vor für den verstorbenen Partner, waschen dessen Wäsche, wir erwarten, dass er oder sie plötzlich auftaucht und uns freudig begrüßt oder wir glauben, die verstorbene Person gehört oder gesehen zu haben. Wir verleugnen gewissermaßen die neue Realität, wir können nicht akzeptieren, dass er oder sie endgültig aus unserem Leben gegangen ist. Das Verhalten mag einem selbst oder Bekannten bizarr und fremd erscheinen. Lassen Sie es geschehen, jeder Mensch reagiert „verrückt" in Situationen, die sein Auffassungsvermögen übersteigen. Das Verharren im Zustand der Verleugnung verhindert zwar den Schmerz, aber auch die Heilung. Was also können wir tun?

Was können wir selbst in Phase I zur Heilung beitragen?

Wir müssen uns mit der Tatsache konfrontieren, dass der geliebte Mensch tot ist. Das ist hart, fast unmenschlich hart. Konfrontieren Sie sich dennoch – vermeiden Sie nicht, den Toten aufgebahrt zu sehen, zwingen Sie sich dazu, die Beileidsbekundungen von Freunden und Bekannten anzunehmen, Sie sind stark genug. Auch wenn Sie das Gefühl haben, es nicht mehr aushalten zu können oder dem Impuls nachgeben wollen, wegzurennen, lesen Sie die Kondolenzschreiben, akzeptieren Sie die Tatsache, dass Ihr Leben nicht mehr dasselbe sein wird.

Da Sie in einem höchst emotionalen Zustand sind, sollten Sie allerdings keine weitreichenden Entscheidungen treffen, die Sie später bereuen könnten. Nehmen Sie sich die Zeit, die Sie brauchen, um die Tatsache zu akzeptieren, dass Sie einen geliebten Menschen verloren haben. Sie können sich beispielsweise immer wieder dazu zwingen, den Tod Ihres geliebten Menschen zu bestätigen, indem Sie mit den folgenden Worten, die sie laut sprechen, sagen:

> „Ich bin bereit, den Tod von … zu akzeptieren. Ich weiß, dass du nicht wiederkommst und ich werde mich auf diese Tatsache einstellen müssen."

Das auszusprechen wird Ihnen sehr schwer fallen und es wird Ihnen vorkommen, als ob eine andere Person redet. Sagen Sie diese Worte laut, auch wenn Ihr ganzer Körper dagegen rebelliert. Auftauchende Gefühle wie Wut oder Angst sind bereits ein Zeichen für Phase II. Akzeptanz ist der erste und wichtigste Schritt zur Heilung.

3.1.2 Die Phase der aufbrechenden Gefühle

„Alles tut weh, es ist nicht zum Aushalten, der Gedanke an ... bringt mich um, ich fühle mich überwältigt von Angst, Wut und Schmerz" sind Aussagen von Menschen, die den Verlust empfinden können. Diese Gefühle sind manchmal so überwältigend, dass wir mittels verschiedener Mittel versuchen, sie wieder in den Griff zu bekommen. Sich zusammenreißen – also den Gefühlsausdruck nicht zuzulassen – wäre eine Sache, sich vollzustopfen mit Dingen und Nahrungsmitteln eine andere. Viele Menschen intensivieren in dieser Phase die Bewältigungsstrategien, die normalerweise das Leben erleichtern, müssen aber feststellen, dass sie nicht mehr funktionieren. Sich ablenken funktioniert nicht mehr, die Freude von anderen kann sogar zur echten Belastung werden, Dinge, die früher Spaß gemacht haben, regen nur noch auf. Die Leere ohne den geliebten Menschen ist kaum auszuhalten. Viele trauernde erwachsene Personen werden in dieser Phase der Trauer „kindisch", lassen das Licht in der Nacht an, weil sie sonst Angst empfinden, nehmen Plüschtiere ins Bett um sich daran festzuhalten, möchten am liebsten, dass der Freund/die Freundin auch nachts noch erreichbar bleibt oder lassen ihre Kinder nicht mehr aus den Augen. Mit dem Realisieren des Verlustes sind wir plötzlich ganz empfindlich geworden; manche Menschen reagieren auch misstrauisch auf andere, fühlen sich zurückgesetzt oder falsch verstanden. Dazu trägt bei, dass wir in dieser Zeit nicht voll leistungsfähig sind: Die emotionale Verarbeitung kostet so viel Kraft, dass andere Aufgaben liegen bleiben. Oft werden wichtige Dinge vergessen – oder wir können uns nicht konzentrieren. Als ein junger Mann mit 18 Jahren seinen Vater verloren hat, versteht er plötzlich seine Arbeit nicht mehr. Instruktionen seines Vorgesetzten hört er wohl akkustisch perfekt, er könnte sie sogar nachsagen, aber er versteht den Sinn des Gesagten nicht mehr. Nichts bleibt „hängen" – er fühlt sich vollkommen orientierungslos. Dieser Effekt ist eine Art „Schutz" – das System ist sozusagen überlastet mit der Aufgabe und den Konsequenzen ohne Vater dazustehen, fertig zu werden, alle anderen Informationen werden unterdrückt. Dieser Ausnahmezustand kann länger andauern – er führt zu Fragen nach dem Sinn des Lebens und regt an, über Dinge nachzudenken, die sonst irrelevant sind – manche Menschen suchen einen neuen Halt in der Religion oder lehnen diese auf einmal ab, weil sie den Tod Gott anlasten.

Was können wir selbst in Phase II zur Heilung beitragen?

Als Erstes ist es ganz wichtig, dass wir uns Zeit lassen, der Trauer Raum geben und auch der Verzweiflung stattgeben. Den Schmerz zulassen und nicht mit Tabletten oder anderen Drogen zuschütten ist wichtig für die emotionale Verarbeitung. Haben Sie keine Angst davor, dass die aufkommenden Gefühle Sie „verrückt" machen. Das fühlt sich zwar zeitweilig so an, aber Gefühle können aus verschiedenen Gründen nicht endlos zunehmen. Zum einen braucht die Aufrechterhaltung von Gefühlen Energie. Diese Energie ist irgendwann erschöpft. Zum anderen sind diese Gefühle, wenn sie erst einmal deutlich werden, ein erster Schritt zur Klärung der neuen Beziehung zur verstorbenen Person. Wut, Schuldgefühle, Angst und übergroße Traurigkeit sind Gefühle, die etwas über unseren Zustand aussagen und die uns motivieren können, etwas zu tun.

Achten Sie auf Erholungszeiten! Die Energie, welche uns das Zulassen des Schmerzes abfordert, muss auch wieder ersetzt werden. Versuchen Sie, trotz des Schmerzes und all der Trauer an sich selbst zu denken! Das ist kein illoyales Verhalten gegenüber der verstorbenen Person. Auch wenn das Essen nicht schmeckt, essen Sie bewusst und gönnen Sie sich, was Sie wirklich mögen! Achten Sie auf eine gesunde, wertvolle Ernährung. Halten Sie regelmäßige Schlafzeiten ein. Wenn Sie sich nicht entspannen können, versuchen Sie es mit einem kleinen Lauf oder gehen Sie ins Hallenbad; besuchen Sie die Sauna oder lassen Sie sich massieren! Alles, was sie für sich aktiv tun können, sollen Sie ohne schlechtes Gewissen tun. Selbst wenn Sie dabei wenig empfinden, gönnen Sie wenigstens ihrem Körper die notwendige Erholung!

Humor, das Erleben positiver Gefühle und gemeinsames Lachen entspannt und befreit die Seele! Suchen Sie bewusst Situationen und Orte auf, wo sie – vielleicht sogar unwillkürlich – lachen müssen. Genauso wie Trauer das Immunsystem schwächt, so stärkt das Lachen die Abwehrkräfte des Körpers.

Lachen und Weinen sind zudem sehr eng assoziiert – wenn Sie lachen können, können sie auch weinen (und umgekehrt!).

Lassen Sie die Trauer und den Schmerz mit allen zum Teil widersprüchlichen Gefühlen zu! Dazu brauchen Sie Ruhe und viel Zeit. Vertrauen Sie sich Menschen an, die Sie mögen und denen Sie vertrauen, reden Sie mit diesen über Ihre Gefühle! Tanken Sie Energie, wo immer Sie nur können! Gönnen Sie sich was – zumindest tun Sie Ihrem Körper was Gutes und lachen Sie ruhig, wenn Ihnen danach zu Mute ist. Das ist in Ordnung!

Möglicherweise denken Sie jetzt, dass diese Ratschläge für Sie vollkommen unmöglich sind und für Sie nicht gelten, weil Ihr Verlust Ihnen zu wertvoll ist, als diesen mit derart lächerlichen Vorschlägen zu verarbeiten. Um keine Missverständnisse aufkommen zu lassen: Es geht nicht darum, Ihnen den Schmerz „wegzumachen", sondern um den Erhalt Ihrer psychischen und körperlichen Gesundheit. Wenn Sie den Schmerz behalten wollen, kann Ihnen nichts und niemand diesen Schmerz nehmen. Wenn Sie allerdings körperlich erkranken oder gar depressiv werden, können Sie nicht mehr richtig trauern, sondern verharren in einem diffusen, freudlosen Zustand. Dann stoppt der Trauerprozess. Der Erhaltung Ihrer psychischen Energie und dem Erleben aller möglichen emotionalen Zustände kommt deshalb eine wichtige Rolle zu. Verschiedene Untersuchungen haben außerdem gezeigt, dass positive Emotionen (Lachen, Freude) die Energie liefern, damit auch Gefühle wie Zorn, Wut, Schuld, Angst oder tiefe Traurigkeit zugelassen werden können und insgesamt den Trauerprozess begünstigen.

3.1.3 Die Phase der Neuorientierung

Möglicherweise erleben Sie die Phase der Neuorientierung als Entlastung, weil Sie nicht ständig an den Tod oder Verlust Ihres geliebten Menschen denken müssen, wenn Sie Paare oder Eltern mit Kindern auf der Straße sehen. Sie sind wieder fähig, die Dinge so zu sehen, wie Sie sie früher gesehen haben, wenn auch mit Einschränkungen. Die Dinge berühren Sie wieder und Sie erwachen wie aus einer anderen Zeit. Noch fühlen Sie sich orientierunglos und die Zukunft ist ungewiss. Sie fühlen auch den Schmerz noch und der Verlust ist Ihnen immer noch sehr präsent. Sie trauen sich noch nicht, Ihren Bedürfnissen statt zu geben, umso mehr, als Sie unter Umständen das Gefühl haben, dass es Ihnen im Grunde gar nicht so gut gehen dürfte und Sie vielleicht auch ein schlechtes Gewissen haben, dass es Ihnen nicht ständig das Herz zerreißt. Dieses Hin- und Hergerissensein zwischen den eigenen Lebensbedürfnissen und dem Bewusstwerden des Verlustes kann dazu führen, dass Sie sich den neuen Möglichkeiten, die sich Ihnen bieten, verschließen und sich vielmehr nach dem Zustand vorher sehnen, auch wenn das nicht geht. Wenn Sie nicht wollen, dass Ihr eigenes Leben nur noch in der Vergangenheit stattfindet, dann müssen Sie sich jetzt von Ihrem alten Leben verabschieden!

Sich lösen von etwas, das man geliebt, gehasst oder gefürchtet hat, ist unendlich schwer. Das gilt nicht nur für Personen, sondern auch für alle möglichen Dinge, an die wir uns „gebunden" haben. Beim Verlust eines Menschen kommt aber noch dazu, dass wir befürchten, den geliebten Menschen zu vergessen, ihn oder sie für immer aus dem Gedächtnis zu verlieren. Das wäre noch schlimmer als der Tod selbst. Darum geht es aber nicht! Loslösen heißt nicht vergessen, sondern zu fühlen und zu realisieren, dass die geliebte Person nicht mehr Teil des eigenen Lebens ist. Dieser Abschied fällt dann besonders schwer, wenn noch „ungelöste Fragen" bestehen, die die Beziehung geprägt und beeinflusst haben. Solche Dinge können beispielsweise Erbfragen betreffen, etwa wenn die verstorbene Person jemanden berücksichtigt haben sollte, die von uns aus gesehen keine Rechte an solche Erinnerungen hat oder wenn vor dem Tod (vor der Trennung) starke Gefühle wie Wut, Verbitterung oder Neid eine große Rolle gespielt haben. Sehnsucht und gute Erinnerungen können aber ebenso einen richtigen Abschied verhindern.

Was können wir selbst in Phase III zur Heilung beitragen?

Das Thema der dritten Phase ist Abschied und Neubeginn. Fangen wir mit einer ersten Aufgabe an!

Warten Sie einen ruhigen Moment ab und schreiben Sie Ihrer verstorbenen geliebten Person einen Brief (als Alternative können Sie auch in ein Aufnahmegerät sprechen). In dem Brief bedanken Sie sich für die gemeinsame Zeit, die Sie mit ... (Name) ... verbringen durften. Schreiben Sie, was Sie schon immer sagen wollten, sich aber vielleicht nicht getraut oder zugemutet haben. Schreiben oder sagen Sie deutlich, dass dies ein Abschiedsbrief ist.

Diesen Brief (oder die Aufnahme) lesen (oder spielen) Sie sich selbst so lange laut vor, bis Sie nicht mehr vor lauter Schmerz und Tränen unterbrechen müssen.

Zögern Sie nicht mehr länger, die Sachen Ihres verstorbenen Partners, Kindes oder Elternteils endgültig zu entsorgen oder einem den Dingen angemessenen Verwendungszweck zukommen zu lassen. Ungeordnete Hinterlassenschaften sind eine emotionale „Zeitbombe": Sie behindern die Verarbeitung der Trauer. Nehmen Sie sich Zeit und vielleicht auch Hilfe bei der Regelung der Hinterlassenschaft, beim Räumen der Toilettenartikel und der Kleider. Es ist normal, dass Sie dabei immer wieder starke Trauer verspüren und Erinnerungen auftauchen, die Sie mit der verstorbenen Person verbinden. Das ist Teil der Verarbeitung und hilft Ihnen, sich Ihrer eigenen Gefühle bewusst zu werden.

Vielleicht kommen Ihnen diese Hinweise zu stark oder zu „technisch" vor. Davon dürfen Sie sich aber nicht abhalten lassen, denn das Vermeiden der Konfrontation mit den Schmerzen und Gefühlen, die mit dem Verlust verbunden sind, ist langfristig ein erheblicher Risikofaktor für eine komplizierte Entwicklung, wie sie weiter oben geschildert wurde. Mit anderen Worten: Sie müssen sich genau diesem Schmerz aussetzen, damit der Schmerz und die Trauer mit der Zeit abnehmen können. Wenn Sie sich das nicht zutrauen, können unter Umständen andere Betroffene (Selbsthilfe-gruppen) oder bestimmte Trauerrituale weiterhelfen. Ein solches Ritual, das Sie auch allein durchführen können, ist der *Erinnerungstag*.

Erinnerungstag

Suchen Sie sich einen besonderen Tag aus (Geburtstag, Kennenlerntag etc.), den Sie ganz der Erinnerung an Ihren verstorbenen Menschen wid-men wollen. Nehmen Sie sich genug Zeit, aber mindestens einen halben Tag, während dem Sie nicht gestört werden können (kein Telefon, kein Besuch). Trinken Sie vorher keinen Alkohol, nehmen Sie keine Beruhi-gungsmittel. Tragen Sie alles zusammen, was Sie an Gegenständen an die gemeinsame Zeit erinnert, und ziehen Sie sich so an, wie Sie Ihr ver-storbener Partner/Kind/Elternteil oder Freund am liebsten gesehen hat. Legen Sie Musik auf, die Sie an die verstorbene Person erinnert und überlassen Sie sich ganz Ihren nostalgischen Gefühlen. Betrachten Sie die Gegenstände, nehmen Sie sie in die Hand, denken Sie an gemein-same Pläne und Unternehmungen, überlassen Sie sich ganz Ihren Erin-nerungen und Gefühlen. Blocken Sie nicht ab. Lassen Sie den Schmerz zu, lassen Sie Ihr eigenes Stöhnen und Ihre Tränen zu und überlassen Sie sich der Müdigkeit und inneren Leere, die nach all dieser gewaltigen emotionalen Anstrengung kommt.

Nach der Übung räumen Sie alles weg und gönnen sich ein warmes Bad und etwas Gutes (Süßes) und Kaffee oder Tee und gehen Sie anschlie-ßend unter die Decke ins Bett. Überlassen Sie sich der Leere, die sich in Ihnen ausbreitet.

Vor Wut, Groll oder Verbitterung können Sie sich nur befreien, indem Sie der Person, die Ihnen das angetan hat, verzeihen. Das ist enorm schwer und vielleicht möchten Sie ja auch Ihre Wut nicht so schnell loswerden. Aber die verstorbene Person kann nichts mehr beitragen, dass sich Ihre Wut legt, das liegt allein in Ihren Händen. Akzeptanz der Realität, auch wenn sie noch so schmerzhaft, ungerecht oder gar böse ist, ist der einzige Weg, wie Sie sich selbst vor schlechten Gefühlen befreien können. Dazu gehört auch das Akzeptieren der unangenehmen Seite Ihrer verstorbenen Person. Jeder Mensch zeigt Eigenschaften, die für die Umgebung schwierig sind – in der Trauer werden diese aus falscher Pietät oft nicht zugelassen. Das Zulassen auch dieser Realität ist aber notwendig, damit Sie den *ganzen Menschen* verabschieden können! Möglicherweise brauchen Sie hier einen „Coach", einen Freund und Helfer, damit Ihnen dieser Schritt gelingt.

Ein neues *Selbstwertgefühl* und das Bewusstsein, durch den Prozess der Trauer mit neuen Kräften und Fähigkeiten hervorzugehen, ist keineswegs eine Illusion, sondern wird durch wissenschaftliche Untersuchungen bestätigt. Aber auch, wenn Sie die Trauer gut verarbeitet haben, bleibt die Tatsache bestehen, dass Sie einen wertvollen, geliebten Menschen verloren haben. Das Bewusstsein, dass die Dinge nie mehr so sein werden, wie sie einmal waren, wird Sie von jetzt an begleiten. Dabei geben wir uns manchmal der Illusion hin, dass vorher das Leben besser war. Im Nachhinein scheint uns aber Vieles besser und schöner. Wir brauchen nur alte Menschen zu befragen, die von den guten alten Zeiten schwärmen. Die Tendenz, das Schlechte eher zu vergessen als das Gute zeichnet die meisten gesunden Menschen aus – das nostalgische Gefühl jedoch täuscht, ist illusorisch und spielt in der Vergangenheit. Im Gegensatz dazu erleben wir den Verlust immer wieder als gegenwärtig, selbst wenn wir nicht mehr unter den Gefühlen zusammenbrechen. Das Bewusstsein, einen geliebten Menschen verloren zu haben und wertvolle Erinnerungen an diesen Menschen zu haben, kann niemand und nichts zerstören. Es stellt sich die Aufgabe, die Erinnerung an diesen Menschen in eine neue Beziehung zu transformieren, die einerseits der Realität gerecht wird – der Mensch ist gestorben (definitiv weggegangen) – und andererseits die Verbindung in einem Maß aufrecht zu erhalten, wie es unserem Bedürfnis entspricht. Friedhöfe, Erinnerungstage und andere kulturelle Einrichtungen zeugen davon, dass Beziehungen zu verstorbenen Menschen aufrechterhalten bleiben können.

- Trauernde – Einzelpersonen und ganze Familien – gehen oft irrtümlich davon aus, dass ihre Konflikte mit der verstorbenen Person nach dem Tod nicht mehr gelöst werden können. Diese Annahmen bleiben unwidersprochen, weil Konflikte oft ein Tabuthema sind und nicht selten kollektiv vermieden werden. Ungelöste Konflikte können langfristig jedoch Anpassungsprobleme und Symptome verursachen.

- Es kann sehr lustvoll sein, mit alten Geschichten umzugehen, diese Geschichten miteinander zu vergleichen oder die Erinnerung an Verstorbene mit spannenden und anderen Familienmitgliedern unbekannten Facetten anzureichern.

- Es ist für die Hinterbliebenen wichtig, sich auf ihre eigene Art zu verabschieden. Der Tod kann eher angenommen werden, wenn sich Angehörige als Bindeglied zwischen den Verstorbenen und noch nicht Geborenen verstehen und die Natur des Sterbens akzeptieren lernen. Wichtig dabei ist, den Verlustschmerz nicht zu relativieren.

- Eine Atmosphäre, welche individuelles Trauern zulässt, erlaubt gleichzeitig auch die Lust am Leben. Eine Trauer ohne diesen Ausgleich kann auf Dauer nicht aufrechterhalten bleiben. Das Ergebnis ist oft eine chronische, energielose Trauer oder eine andere Symptomatik.

3.2 Wann ist eine Behandlung sinnvoll?

Die Aufgaben, die sich in den verschiedenen Phasen der Trauer stellen, können nicht immer allein bewältigt werden. Wenn Sie das Gefühl haben, von der Trauer überwältigt zu sein oder einfach die Kraft nicht ausreicht, kann es hilfreich sein, sich einer Selbsthilfegruppe anzuschließen.

Im Anhang (vgl. S. 54) sind einige Informationen zu Beratungsangeboten und Selbsthilfegruppen aufgeführt.

Für die Frage, ob professionelle Hilfe aufgesucht werden soll, ist es wichtig, die eigenen Reaktionen möglichst genau zu kennen. In diesem Zusammenhang können folgende Punkte durchgegangen werden:

– Was habe ich bisher unternommen, diese Reaktionen in den Griff zu bekommen?

– Welche Funktion hatte die verstorbene Person für mich?

– An wen wende ich mich, wenn ich Hilfe brauche?

– Welche Möglichkeiten (soziale Beziehungen, Bewältigungsformen) stehen mir zur Verfügung?

In der komplizierten Trauer können Gefühle kaum kontrolliert werden. Die Therapie der Trauer richtet sich an Personen, die ihre Trauer als unerträglich erleben oder die sich wegen anderer Probleme an einen Arzt oder Psychotherapeuten gewandt haben und während der Behandlung realisieren, dass ihre Probleme zumindest teilweise mit einer bisher unverarbeiteten Trauer zu tun haben.

3.3 Wie sieht die Behandlung aus?

Die spezifischen Faktoren in der Begleitung Trauernder können dem Begriff „Trauerarbeit" zugeordnet werden. Aktuell wird heute eine Aufgaben-orientierte Sicht der Trauerarbeit vertreten (Worden, 1986), doch immer steht die emotionale Verarbeitung im Vordergrund. Worden unterscheidet vier Aufgaben:

1. *Die Wirklichkeit des Verlustes akzeptieren.* Viele Trauernde haben Mühe, die Realität des Todes des geliebten Menschen zu akzeptieren; die Wirklichkeit erscheint wie ein schlechter Traum, aus dem man entfliehen möchte. Oft setzt eine Art Suche nach der verstorbenen Person ein, die mit Sinnestäuschungen einhergehen kann. Den Verlust akzeptieren zu lernen ist ein Vorgang, der mehrere Monate dauern kann. Therapeutisch geht es darum, die Bedeutung des Verlustes allmählich bewusst zu machen.

2. *Den Schmerz des Verlustes erfahren und verarbeiten.* Eine emotional nicht gefühlte Trauer kann sich körperlich in Symptomen äußern oder der emotionale Schmerz setzt als verzögerte Trauerreaktion erst später, Wochen oder Monate nach dem Verlust ein. Sehr hilfreich ist das Konfron-

tieren mit Gegenständen (Fotografien) oder anderen Erinnerungen: Die blockierten Gefühle können auf diese Weise erlebt werden. Solche Konfrontationsübungen haben sich als sehr hilfreich in der Bewältigung der Trauer erwiesen.

3. *Sich einer Umgebung anpassen zu lernen, in der die verstorbene Person fehlt.* Es kann Monate dauern, bis alle Facetten des Verlustes realisiert werden. Die wachsende Wahrnehmung des Verlustes ist ein Grund für die lange Zeit, die es braucht, den Tod einer nahe stehenden Person zu verarbeiten. Dabei geht es um eine Anpassung an neue Lebensumstände, an die Anpassung an neue Rollen und einen neuen sozialen Status, sowie Anpassungen, die das Gefühl des eigenen Könnens betreffen sowie um eine Anpassung der eigenen Weltsicht und möglicherweise auch des eigenen Glaubens.

4. *Die Beziehung zur verstorbenen Person neu definieren.* Die verstorbene Person muss nicht aus dem Leben gelöscht werden, aber die Beziehung soll in einer Weise gestaltet werden, die das Weiterleben gestattet. So sollen neue, auch intime Beziehungen möglich werden, wenn der Ehepartner verstorben ist. Es müssen tolerierbare Wege gefunden werden, wie die verstorbene Person erinnert werden kann. Bei einer posttraumatischen Reaktion nach einem gewaltsamen Tod kann es vorkommen, dass es den Überlebenden nicht möglich ist, sich ohne Retraumatisierung an die Person zu erinnern. Daher ist es ein wichtiges therapeutisches Ziel, Erinnerungen an frühere Zeiten zu ermöglichen. Dies gilt vor allem auch für Überlebende von Gewaltverbrechen oder von Terroranschlägen.

> Die Verarbeitung einer Trauer braucht nur selten eine psychotherapeutische Unterstützung; in Fällen, in denen die Trauer zu einem chronisch eingeschränkten Leben führt, ist jedoch eine therapeutische Begleitung für das Lösen dieser Aufgabenbereiche angezeigt.

Darüber hinaus bietet eine Therapie durch ihren geschützten Rahmen auch die Möglichkeit, an spezifischen Themen wie Schuldgefühlen oder bisher ungelösten Konflikten zu arbeiten. Je nach Problemstellung wird dabei mehr auf die emotionale Konfrontation mit der Trauer selbst, die Klärung ungelöster Konflikte oder sich aktuell ergebender Probleme wie beispielsweise Angstgefühle geachtet.

Neben der emotionalen Verarbeitung gehört vor allem die Orientierung auf das Leben ohne den verstorbenen Angehörigen zu den zentralen Aufgaben trauernder Personen. Das Hin- und Her zwischen Trauer und das – unter Umständen allzu optimistisch erscheinende – Aufkommen von neuen Perspektiven und Aufgaben ist dem Außenstehenden oft nicht nachvollziehbar. Das scheinbar Unberechenbare der Trauerreaktion trägt zum Rückzug des sozialen Umfeldes bei. Das therapeutische Setting erlaubt es, ohne „Rücksichtsnahme" auf soziale Gegebenheiten die mit dem Verlust verbundenen Konflikte auszutragen und kann damit wesentlich zum Erhalt des sozialen Umfeldes beitragen.

Wichtig

Eine Trauerbegleitung darf sich nicht darauf beschränken, die „Trauer zuzulassen" und dabei unter Umständen zu stark auf soziale Normen des „richtigen Trauerns" zu fokussieren, sondern sie sollte eine aktive Auseinandersetzung mit allen Aspekten des Lebens sein, mit dem sich Trauernde konfrontiert sehen.

Effektivität der Therapie für komplizierte Trauer

In Fällen lang andauernder und komplizierter Trauer sind konfrontative Verfahren nachgewiesen wirksam, nützlich und effektiv. Als sehr wirksam haben sich die Expositionstherapien erwiesen. Dabei werden dem Trauernden nach eingehender Planung bestimmte Aufgaben gestellt, sich mit dem Verlust aktiv auseinanderzusetzen. Dies kann beinhalten, dass man vermiedene Orte aufsucht, die mit der verstorbenen Person verbunden sind oder dass man sich schreibend mit der verstorbenen Person auseinandersetzt. Ein Vergleich bisheriger Untersuchungen zeigt eine Überlegenheit des konfrontativ-bewältigungsorientierten Vorgehens auf. Dies gilt allerdings nur für Fälle schwerer und komplizierter Trauerreaktionen. Für die „normale" Trauer gibt es bisher kaum Hinweise dafür, dass therapeutische Interventionen die Folgen mildern können.

In der Trauer steht vielfach das (exzessive) Beschäftigen mit der Person und den Gegenständen der verstorbenen Person im Vordergrund. Statt sich weiter mit der Trauer zu konfrontieren, müssen in diesem Fall stärker die gedanklichen und emotionalen „Fehlregulationen" angegangen werden. Dies gelingt am besten in einem psychotherapeutischen Rahmen.

Familientherapeutische Interventionen. Diese sind hilfreich, wenn es zu verhindern gilt, dass individuelle Trauerprozesse einen Familienverband auflösen oder bedrohen. Kinder werden im Trauerprozess oft vernachlässigt, weil sie (scheinbar) wenig zur Reorganisation der Familie beitragen können, und andererseits die Trauer des Elternteils gar nicht zulässt, sich auch noch um die Bedürfnisse der Kinder zu kümmern.

Wenn irgendwie möglich, sollten Kinder nicht aus ihrer gewohnten Umgebung herausgerissen werden. Ziel einer familienorientierten Trauertherapie ist es, die Voraussetzungen dafür zu schaffen, dass die Zuwendung zu neuen Aufgaben und neuen Rollen möglich wird.

Pharmokologische Behandlung. Über die Wirksamkeit biologischer Interventionen in der Trauer liegen bisher kaum Daten vor. Nach den Empfehlungen von Raphael, Minkov und Dobson (2001) sollte nur dann medizinisch-biologisch interveniert werden, wenn eine Störung besteht, bei welcher ein solches Vorgehen klar indiziert ist. Nach den Untersuchungen von Jacobs (1999) gibt es keine Evidenz dafür, dass Medikamente die Trauer selbst beeinflussen.

3.4 Was kann ich selbst dazu beitragen, den Trauerprozess gut zu bewältigen?

Wichtig ist, sich mit den verlorenen Möglichkeiten – sich nicht mehr austauschen können, geplante gemeinsame Aktivitäten und Pläne – auseinanderzusetzen. Dabei sollte man sich nicht zu viel zumuten. Die Trauer kann nicht durch forciertes „Trauern" verkürzt werden. Auch unrealistische Ziele sind nicht hilfreich; der Tod eines Lebenspartners oder eines Angehörigen fordert viel Kraft. Selbstgestellte Anforderungen wie langgehegte Wünsche nach Veränderung, die vielleicht sogar mit dem Partner vor dessen Ableben abgesprochen wurden, sollten nur dann angegangen werden, wenn man das wirklich selbst möchte. Gerade hier stellen sich aber oft emotionale Schwierigkeiten ein, die solche Pläne scheitern lassen.

Was kann ich tun, damit ich wieder Freude am Leben bekomme?

Ein gezieltes Genuss-Training kann den Sinn für die einfachen Freuden wieder wecken. Dies ist sehr wichtig, denn sonst droht die Gefahr, in der Trauer „unterzugehen" und chronisch zu trauern oder gar depressiv zu werden. Viele Trauernde sehen es als unvereinbar an, es sich selbst gut gehen zu lassen, während ihr verstorbener Angehöriger vom Leben abgeschnitten ist. Die Erfahrung, dass ein gutes Essen auch alleine schmeckt oder ein in der Wellness-Oase erfahrenes gutes Körpergefühl wieder erlebbar ist, kann jedoch den Prozess der Trauerverarbeitung beschleunigen. Auch wenn der Gedanke an einen „Genuss" zunächst ohne Anreiz besteht, sollte man es sich zur Aufgabe machen, sich selbst etwas Gutes zu tun!

Wie an früherer Stelle beschrieben, dauern Trauerprozesse oft viel länger, als bisher angenommen wurde. Daher ist es von großer Bedeutung, sich erst mal selber einzugestehen, dass man einen wichtigen Menschen verloren hat. Manchmal gelingt dieser Schritt nicht, weil man entweder zu jung oder zu beschäftigt ist. Das folgende Beispiel illustriert einen solchen Fall.

Nützliche Fragen

- Was hat mir gestern das Leben etwas leichter gemacht?
- Was hat mir vorher Freude gemacht?
- Mit wem kann ich es aushalten zusammen zu sein?
- Wann ist mir zum letzten Mal ein Lächeln über die Lippen gekommen?

3.5 Eine unverarbeitete Trauer – Die Geschichte des Herrn O.

Ein in vieler Hinsicht erfolgreicher Arzt und Therapeut erlebt auf einer Auslandreise auf einmal Zustände der Schwäche, die sich in Schwindelgefühlen, Herzschmerz und Kurzatmigkeit äußern. Er ist plötzlich damit konfrontiert, mitten aus einem erfüllten Leben heraus an den eigenen Tod zu denken. Panik erfasst ihn beim Gedanken, er könnte sterben und Frau und Kind allein zurücklassen. Der Mann ist zum Zeitpunkt 56 Jahre alt, er hat zusammen mit seiner Frau einen 12-jährigen Sohn. Nach dieser Auslandsreise ist nichts mehr wie vorher. Statt sich stark zu fühlen und sich voller Energie der Arbeit zu widmen, sich dabei gut zu fühlen und seinen Optimismus auf andere zu übertragen, quält er sich durch den Tag, muss Termine absagen, kann sich schlecht konzentrieren und ist immer mit dem Gedanken konfrontiert, was denn geschehen wird, wenn er sterben muss. In der Folge lässt er sich medizinisch abklären. Diese Abklärungen bringen jedoch keine weiteren Ergebnisse als einen erhöhten Blutdruck. Diesem erhöhten Blutdruck bringt er allerdings größte Aufmerksamkeit entgegen. Er weiß, dass diese Erhöhung einen Risikofaktor darstellt für ernsthafte koronare Erkrankungen und misst gewissenhaft seinen Blutdruck mehrmals täglich, nimmt Medikamente ein und besucht seinen Hausarzt häufig. Obwohl medizinisch alles in Ordnung ist, fühlt sich Herr O. unsicher, schwach und krank. Augenflimmern oder Herzschmerz, was ihm früher unbekannt war und jetzt immer häufiger vorkommt, bringt ihn in äußerste Sorge und Verzweiflung. Er kennt die Symptome, aber erst ein Psychotherapeut, den er nach einigen Monaten aufsucht, sagt ihm, dass er an einer Angststörung leidet. Angst vor dem Sterben ist für den Patienten neu – bisher hat er ein völlig angstfreies Leben geführt, seine Freizeit verbringt er am liebsten in den Bergen oder in der Luft, beim Klettern oder Fallschirmspringen. Jetzt geht das alles nicht mehr. Er erkennt sich selbst nicht wieder, alles flößt ihm Angst ein. Zum Bergsteigen fehlen ihm nicht nur die Kraft, sondern auch der Mut und die Lust. Entspannen kann er sich nicht mehr – Wochenenden im Kreis der Familie oder mit Freunden sind ihm eine Last, Freude kann er keine mehr empfinden.

Im Gespräch mit dem Therapeuten wird klar, dass der Tod seines Vaters, den der Patient mit 12 Jahren verlor, eine zentrale Rolle für die heutige Symptomatik hat. Der Junge wurde damals aus seinem Leben herausgerissen, seinen Vater hatte er zuvor nur noch selten gesehen, da dieser als Geschäftsmann oft außer Landes war und sich von seiner Frau und Familie getrennt hatte. Dennoch war der Vater stolz auf seine Kinder. Der Patient war der Lieblingssohn und seinem Vater in mancher Hinsicht ähnlich. Damals (und bis heute) konnte Herr O. aber seinen Vater nur noch hassen. Er verzieh ihm nicht, dass er sie im Stich gelassen hatte, er verzieh ihm nicht, dass er sich keine Zeit mehr für ihn nahm. Als der Vater von einem Moment auf den anderen erkrankte und innerhalb weniger Wochen verstarb, empfand der Junge gar nichts für ihn. Er nahm den Tod kalt auf und konzentrierte sich auf sein eigenes Leben, dass durch den Tod an Härte noch zunahm. Das Internat, das er seit einiger Zeit besuchte, ließ ihm keine Zeit, über sich nachzudenken. Er musste stark sein, er konnte sich keine Schwächen leisten. Er wollte auch nicht – der Tod des Vaters ließ ihn unberührt, gute Gefühle für ihn hatte er nicht. Am Grab bleibt er ohne Gefühlsregung und ohne Tränen. Er verlässt sich auch in Zukunft auf niemanden mehr außer sich selbst. Das Militär und die weiteren Lebenserfahrungen härten ihn weiter ab: Er fühlt sich selbst stark, unabhängig und ist sich seiner Ausstrahlung bewusst. Sein Charme, seine Unabhängigkeit und seine Willenskraft machen ihn für viele Frauen attraktiv; er selbst bleibt bis zur Heirat seiner Frau und Mutter des gemeinsamen Sohnes auch in dieser Hinsicht unabhängig.

In der Therapie lernte der Patient, dass die Panik etwas mit dem Tod des Vaters zu tun hatte. Er realisierte, dass sein eigener Sohn jetzt genauso alt war wie er damals, als er seinen Vater verlor und dass ihm dieser Zusammenhang erstmals auf der Auslandsreise, die er allein mit Freunden unternommen hatte, bewusst geworden war. Die eigene Todesangst hing mit dem Tod des Vaters zusammen. Er musste sich – und das fiel ihm sehr schwer – wieder mit seinem Vater beschäftigen und sich mit ihm auseinander setzen. Vor allem aber musste er den Tod des Vaters als etwas Schmerzhaftes zulassen und damit auch akzeptieren lernen. In der Sprache der Trauerarbeit hatte die Phase des „Schocks" also über vierzig Jahre gedauert! Herr O. lernte seinen Vater neu kennen als einen Vater, der seinen Sohn geliebt hat. Viele Erinnerungen tauchten auf, die der Patient völlig vergessen hatte. Dies führte dazu, dass der Patient dem Vater verzeihen konnte. Diese Phase der Therapie war durch sehr viel Emotionen, Weinen und viel geäußertem Schmerz gekennzeichnet. Die Härte von über vierzig Jahren abzulegen, war keine einfache Sache. Dazu erlitt der Patient zusätzlich körperliche Symptome wie einen Hörsturz, und die Angst um seine Gesundheit nahm bisweilen irrationale Züge an. Das war Phase zwei der Trauer: das Aufbrechen der Gefühle, das Zulassen von Wut, Schmerz und Angst ermöglicht einen neuen Zugang zum Verlust und zum verstorbenen Menschen.

Nach über einem Jahr regelmäßiger psychotherapeutischer Auseinandersetzung erlebte sich der Patient langsam wieder zuversichtlicher. Das Essen und Trinken bereitete wieder Freude, er konnte sich auch seiner Familie wieder freuen und sich auf seinen Sohn und seine Frau einlassen, ohne dass ihm seine eigenen Sorgen den Weg versperrten. Und er hatte seinen Mut wieder gefunden und fing wieder an, in die Berge zu gehen.

Insgesamt ist Herr O. ein wärmerer Mensch geworden, der seine Interessen wenn nötig zurückstellen kann und in sich selbst einen Pol der Ruhe gefunden hat. Der Gedanke an den Vater löst gute Erinnerungen aus, er bewahrt sich eine alte Fotografie als ständiges Andenken.

Die Phase drei ist nicht abgeschlossen – möglicherweise muss sie auch nicht „abgeschlossen" werden. Wichtig ist, dass das eigene Leben nicht durch die nicht zugelassene Trauer eingeschränkt wird. Ein volleres emotionales Leben wird damit möglich. Die körperlichen Symptome, die in mancher Weise immer wieder, wenn auch nicht mehr so dominierend auftauchen, werden vom Patienten nicht mehr als Vorboten des nahen Todes gedeutet, sondern können als normale Alterungserscheinungen interpretiert werden. Die Auseinandersetzung mit dem eigenen Sterben wird nicht mehr überlagert durch die Angst, die der Tod des Vaters ausgelöst hatte.

3.6   Ausblick – Der Verlust macht nicht immer Sinn!

Oft setzen wir uns unter Druck, einen „Sinn" im Geschehen zu finden – dies ist verständlich: Der Mensch ist geboren, aus seinen Fehlern zu lernen. Nur: Der Tod eines Angehörigen ist kein „Fehler" und er resultiert auch nicht aus einem „Fehler". Entsprechende Schuldgefühle sind deshalb nicht angebracht, selbst wenn es Trauernden gelingt, einen Anteil an Verantwortung für den Tod zu finden. Beispielsweise, dass sich jemand Vorwürfe macht, dem Partner eine Bergtour erlaubt zu haben. Wenn diese selbstquälerischen Vorwürfe nicht von allein zurückgehen, sollte Hilfe gesucht werden. Oft aber verstehen selbst professionelle Helfer nicht, dass Trauerarbeit auch geleistet werden kann, ohne dem Verlust einen Sinn oder eine Bedeutung zu geben. Viele Trauernde sehen überhaupt keinen Sinn im Tod eines Kindes oder im frühen Tod des Partners und leiden deshalb nicht unter größerer Belastung.

Kritische Lebensereignisse können religiöse Gefühle hervorrufen. Unabhängig von einer offiziellen Religion oder religiösen Überlieferungen ergeben sich religiöse Fragen und es können spirituelle Erlebnisse auftreten, die einer Verarbeitung bedürfen. Es sind Fragen, die einen beschäftigen und die sich manchmal sogar krankmachend auswirken, gerade wenn man sich in den Augen Gottes versündigt zu haben glaubt oder den Verlust als Strafe betrachtet.

Im Trauerprozess werden viele Grundannahmen darüber, wie die Welt funktioniert, erschüttert und in Frage gestellt. Solche Grundannahmen sind Fragen der Gerechtigkeit, Fairness, Vorhersehbarkeit von Ereignissen und so fort. Damit bricht etwas zusammen, das uns bisher Sinn im Leben gegeben hat. Das Leben erscheint sinnlos und leer. Unter diesem Gesichtspunkt stellt die Trauer einen kritischen Lebensabschnitt dar. Gelingt die Verarbeitung des Verlustes, so wird eine Entwicklung zu mehr persönlicher Reife möglich. Das kann sich darin äußern, dass uns auf einmal andere Menschen viel mehr als vorher bedeuten, dass das Leben selbst wertvoller wird.

> Ein Verlust kann auch als Chance begriffen werden, das eigene Leben neu zu überdenken und neu wertschätzen zu lernen. Die meisten Trauernden werden irgendwann dazu kommen, den Tod eines Angehörigen nicht ausschließlich als Verlust anzusehen. Der Weg dahin ist mit viel Schmerz verbunden.

Anhang

Literaturempfehlungen

Canacakis, J. (1990). *Ich begleite Dich durch Deine Trauer*. Stuttgart: Kreuz.

Stroebe, M. S., Stroebe, W. & Hansson, R. O. (Eds.). (1993). *Handbook of bereavement: Theory, research, and intervention*. New York, NY: Cambridge University Press.

Wolf, D. (2001). *Einen geliebten Menschen verlieren* (8. Auflage). Mannheim: PAL.

Worden, J. W. (1986). *Beratung und Therapie in Trauerfällen*. Bern: Huber.

Literatur

Clayton, P. J. & Darvish, H. S. (1979). Course of depressive symptoms following the stress of bereavement. In J. E. Barret, R. M. Rose & G. L. Klerman (Eds.), *Stress and mental disorder* (pp. 121–136). New York: Raven Press.

Cook, A. S. & Oltjenbruns, K. A. (1998). *Dying and regrieving: Lifespan and family perspectives*. Fort Worth, TX: Harcourt & Brace.

Davis, C. G., Wortman, C. B., Lehman, D. R. & Silver, R. C. (2000). Searching for meaning in loss: Are clinical assumptions correct? *Death Studies, 24*, 497–540.

Folkman, S. (2001). Revised coping theory and the process of bereavement. In M. S. Stroebe, R. O. Hannson, W. Stroebe & H. A. Schut (Eds.), *Handbook of bereavement research* (pp. 563–584). Washington, DC: American Psychological Association.

Jacobs, S. (1999). *Traumatic grief. Diagnosis, treatment, and prevention*. Philadelphia, PA; London: Brunner/Mazel.

Prigerson, H. G., Maciejewski, P. K., Newsom, J., Reynolds, C. F., Frank, E., Bierhals, E. J., et al. (1995). The inventory of complicated grief: a scale to measure certain maladaptive symptoms of loss. *Psychiatric Research, 59*, 65–79.

Raphael, B., Minkov, C. & Dobson, M. (2001). Psychotherapeutic and pharmacological intervention for bereaved persons. In M. S. Stroebe, R. O. Hannson,

W. Stroebe & H. A. Schut (Eds.), *Handbook of bereavement research* (pp. 587–612). Washington, DC: American Psychological Asssociation.

Rubin, S. S. (1993). The death of a child is forever: The life course impact of child loss. In M. S. Stroebe, W. Stroebe & R. O. Hansson (Eds.), *Handbook of Bereavement. Theory, Research, and Intervention* (pp. 285–299). Cambridge: Cambridge University Press.

Silverman, P. R., Nickman, S. L. & Worden, W. (1992). Detachment revisited: The child's reconstruction of a dead parent. *American Journal of Orthopsychiatry, 62,* 93–104.

Videka-Sherman, L. (1982). Coping with the death of a child: A study over time. *American Journal of Orthopsychiatry, 52,* 688–698.

Videka-Sherman, L. & Lieberman, M. (1985). The effects of self-help and psychotherapy intervention on child loss: the limits of recovery. *American Journal of Orthopsychiatry, 55(1),* 70–82.

Worden, J. W. (1986). *Beratung und Therapie in Trauerfällen.* Bern: Huber.

Zisook, S. & Schuchter, S. R. (1986). The first four years of widowhood. *Psychiatric Annals, 16(5),* 288–294.

Zisook, S., Schuchter, S. R., Sledge, P. A., Paulus, M. & Judd, L. L. (1994). The spectrum of depressive phenomena after spousal bereavement. *Journal of Clinical Psychiatry, 55(4 (suppl)),* 29–36.

Znoj, H. J. & Keller, D. (2002). Mourning parents: Considering safeguards and their relation to health. *Death Studies, 26(7),* 545–565.

Beratungsangebote und Selbsthilfegruppen

Auf dem freien Markt gibt es eine Vielzahl von Angeboten und Begleit-gruppen, die man allerdings nicht uneingeschränkt empfehlen kann. Teil-weise fokussieren diese Angebote einseitig auf das Nicht-Zulassen können von Trauer und Schmerz. Das stellt aber nur einen Aspekt der möglichen und sinnvollen Interventionen dar. Selbsthilfegruppen sind ebenfalls nicht für alle Menschen und Situation gleich geeignet. In einer individualisierten multikulturellen Gesellschaft fallen jedoch viele traditionelle Angebote weg. Entsprechend werden viele Bedürfnisse nicht mehr befriedigt, die zu ande-ren Zeiten von der Kirche oder von religiösen Gemeinschaften abgedeckt wurden. Die Frage des Nutzens kann deshalb nicht allein von der Wirksam-keit therapeutischer oder beraterischer Maßnahmen bezüglich des Wohlbe-findens oder der relativen Symptomfreiheit beurteilt werden. Dennoch er-gibt sich für Anbieter zumindest die ethische Pflicht, ihre Angebote kritisch zu überprüfen.

Für Eltern, die ein Kind verloren haben, existiert in der Schweiz und in vie-len westlichen Ländern der „Regenbogen" – eine Selbsthilfeorganisation ohne therapeutische Leitung. Andere Angebote finden sich im Internet oder in Verzeichnissen von Hilfsorganisationen. Die unten stehende Auswahl ist unvollständig, soll aber Hilfesuchenden einen ersten Einstieg ermöglichen. Die Angebote sind teilweise aus eigener Betroffenheit entstanden und kön-nen unter Umständen anderen Trauernden sogar mehr schaden als nutzen. Man findet viele Hinweise, die in bestimmten Situationen weiterhelfen kön-nen. Oft stellen die Angebote ein Forum dar, in dem Trauernde unter sich Erfahrungen austauschen können.

Internetangebote

www.agus-selbsthilfe.de
Die Lehrerin Emmy Meixner-Wülker gründete 1989 die erste Selbsthilfe-gruppe für Angehörige nach einem Suizid, die AGUS-Initiative. Die Seite hat verschiedene Angebote zu zahlreichen Themen, Regionalgruppen. Sie bietet auch links zu anderen Selbsthilforganisation zur Suizidprophylaxe und zu weiteren Themen wie Depression oder Trauer.

www.geps-rp-saar.de
Die Homepage wird geführt vom Verein Gemeinsame Elterninitiative Plötz-
licher Säuglingstod (GEPS). Zweck des Vereins ist die Betreuung vom Plötzlichen Säuglingstod betroffener Eltern und die Anregung und Unterstützung
von Vorhaben zur Erforschung der Ursachen des Plötzlichen Säuglingstodes,
sowie der Früherkennung gefährdeter Säuglinge in Rheinland-Pfalz und
im Saarland. Die Homepage vermittelt weiter nützliche Informationen zum
Thema.

www.hospiz-aktuell.de
(Informationsdienst der zentralen Anlaufstelle Hospiz in Berlin (ZAH). Die
Zentrale Anlaufstelle Hospiz in Berlin ist eine Anlaufstelle für alle Men-
schen, die im Zusammenhang mit Sterben, Tod oder Trauer Fragen haben
oder Orientierung benötigen. Sie wird getragen vom Unionhilfswerk. Die
Seite bietet Informationen zu stationären und ambulanten Hospizdiensten
und palliativen Diensten sowie Trauerangeboten. Darüber hinaus werden
Informationen über Weiterbildungsangebote zu Hospizthemen und Ankün-
digungen zu regionalen Veranstaltungen rund um die Themen Hospiz und
Palliativ publiziert.

www.nicolaidis-hilfe.de
(e. V. für verwitwete Mütter und Väter) Die Nicolaidis Stiftung wurde 1998
von Martina Nicolaidis aus eigener Betroffenheit gegründet. Die Stiftung hat
es sich zur Aufgabe gemacht, junge Witwen und Witwer und deren Kinder
zu unterstützen. Betroffene haben die Möglichkeit, sich mit anderen Betroffen auszutauschen, dabei ist die Zusammenarbeit mit Fachleuten ge-
währleistet. Die Stiftung kooperiert mit anderen Stiftungen und Diensten
wie Therapeuten, Universitätseinrichtungen, Anwälten, Steuerberatern und
Schuldnerberatern. Damit bietet die Stiftung seelische, soziale, finanzielle
und praktische Unterstützung. Die Hilfsangebote sind für die Betroffenen
kostenlos.

www.verwitwet.de
(Selbsthilfeinitiative durch Oliver Scheithe). Am 27. Oktober 2001 wurde
der gemeinnützige Verein „verwitwet.de e. V." gegründet. Getragen wird
der Verein durch Betroffene, die ebenfalls die Homepage unterhalten. Ver-
witwet.de hat bereits zahlreiche Ableger in verschiedenen Orten; die Seite

bietet Informationen rund um die Trauer (Bücherlisten), ein Austausch-forum und die Mitglieder haben die Möglichkeit, ihre eigene Geschichte zu veröffentlichen.

www.kosch.ch
Die Stiftung Kosch ist die Dachorganisation der regionalen Kontaktstellen für Selbsthilfegruppen in der Schweiz; sie ist politisch und konfessionell neutral.

www.leidundtrauer.ch
Stiftung Begleitung Leid und Trauer. Sie ist assoziiert mit Peter Fässler-Weibel, Winterthur, Paar- und Familientherapeut.

www.verein-aurora.ch
Der Verein AURORA hat es sich zum Ziel gesetzt, Betroffenen, ihren Kindern und ihren Angehörigen in dieser schwierigen Situation beizustehen. Er versteht sich als Lobby für verwitwete Mütter und Väter und ihre minder-jährigen Kinder. Er will das Verständnis in der Gesellschaft für die Probleme und Anliegen dieser Menschen fördern. Die Seite bietet ein Forum für Betroffene, der Verein selbst bietet Aktivitäten und Seminare an.

www.verein-regenbogen.ch
Pfarrer Simon Stephens in England gründete im Jahr 1969 unter dem Namen The Compassionate Friends (TCF) die erste Selbsthilfegruppe von Eltern, die um ein verstorbenes Kind trauern. In Anlehnung an das Vorbild entstand im Juni 1989 der Verein Regenbogen Schweiz, eine Selbsthilfevereinigung von Eltern, die um ein verstorbenes Kind trauern. Der Verein bietet zahl-reiche Aktivitäten und Seminare an, die Homepage selbst ist wenig infor-mativ.

Arbeitsblatt

Bitte markieren Sie die Antwort, die am besten beschreibt, wie Sie sich im letzten Monat gefühlt haben. Die leeren Stellen im Text beziehen sich auf die verstorbene Person, um die es geht und um die Sie trauern.

1 = Fast nie (= weniger als einmal im Monat)
2 = Selten (= einmal im Monat oder öfter, aber weniger als einmal in der Woche)
3 = Manchmal (= einmal oder mehrmals pro Woche, aber weniger oft als täglich)
4 = Oft (= einmal täglich)
5 = Immer (= kommt mehrmals täglich vor)

1. Der Tod von .... fühlt sich überwältigend oder verheerend an	1 2 3 4 5 (fast nie – immer)
2. Ich denke so oft an ...., dass es mir schwer fällt, die Dinge zu tun, die ich normalerweise erledige	1 2 3 4 5 (fast nie – immer)
3. Die Erinnerungen an .... wühlen mich auf	1 2 3 4 5 (fast nie – immer)
4. Ich bin mir bewusst, dass ich Mühe habe, den Tod zu akzeptieren	1 2 3 4 5 (fast nie – immer)
5. Ich sehne und verlange mich nach .... und möchte mit ihm/ihr zusammen sein	1 2 3 4 5 (fast nie – immer)
6. Ich fühle mich zu Plätzen und Dingen hingezogen, die mit .... zusammenhängen	1 2 3 4 5 (fast nie – immer)
7. Ich kann nicht anders als mit Wut auf den Tod von .... reagieren	1 2 3 4 5 (fast nie – immer)

---

[1] Übersetzung des „Inventory of Traumatic Grief (ITG)" von Prigerson et al. (1995) durch Hansjörg Znoj.

8. Wenn ich an den Tod von .... denke, glaube ich es immer noch nicht	1 2 3 4 5 (fast nie – immer)
9. Ich fühle mich benebelt, gelähmt oder schockiert über den Tod von	1 2 3 4 5 (fast nie – immer)
10. Seit dem Zeitpunkt des Todes von .... ist es für mich schwer geworden, anderen Leuten zu vertrauen	1 2 3 4 5 (nicht schwierig – äußerst schwierig)
11. Seit dem Zeitpunkt als .... starb, habe ich die Fähigkeit verloren, anderen Personen zu helfen oder fühle mich diesen Personen gegenüber distanziert	1 2 3 4 5 (nicht schwierig – äußerst schwierig)
12. Ich habe an denselben Orten Schmerzen oder habe die selben Symptome oder stelle manche der Verhaltensweisen an mir fest, die für .... charakteristisch waren	1 2 3 4 5 (fast nie – immer)
13. Ich mache sehr viel dafür, um Erinnerungen auszuweichen, die mich daran mahnen, dass .... fort ist	1 2 3 4 5 (fast nie – immer)
14. Das Leben fühlt sich für mich leer und bedeutungslos ohne .... an	1 2 3 4 5 (fast nie – immer)
15. Ich höre die Stimme von .... zu mir sprechen	1 2 3 4 5 (fast nie – immer)
16. Ich sehe .... vor mir stehen	1 2 3 4 5 (fast nie – immer)
17. Seit dem Tod von .... fühle ich mich taub und empfindungslos	1 2 3 4 5 (kein Taubheitsgefühl – äußerst starkes)

18. Es fühlt sich unfair an, dass ich lebe angesichts dessen, dass .... verstorben ist	1 2 3 4 5 (keine Schuldgefühle – äußerst starke)
19. Der Tod von .... macht mich verbittert	1 2 3 4 5 (keine Bitterkeit – äußerst starke)
20. Ich beneide diejenigen, die niemanden Nahestehenden verloren haben	1 2 3 4 5 (fast nie – immer)
21. Eine Zukunft ohne .... hält für mich keine Bedeutung oder Zweck	1 2 3 4 5 (keine Sinnlosigkeit – äußerst starke)
22. Seit dem Tod von .... fühle ich mich einsam	1 2 3 4 5 (fast nie – immer)
23. Ich kann mir nicht vorstellen, dass das Leben ohne .... erfüllend sein kann	1 2 3 4 5 (fast nie – immer)
24. Es ist mir, als ob ein Teil von mir zusammen mit .... gestorben ist	1 2 3 4 5 (fast nie – immer)
25. Der Tod hat meine Ansicht über die Welt verändert	1 2 3 4 5 (keine Veränderung – äußerst starke)
26. Ich habe mein Gefühl der Sicherheit und Geborgenheit seit dem Tod von .... verloren	1 2 3 4 5 (keine Veränderung – äußerst starke)
27. Seit dem Tod von .... habe ich mein Gefühl der Kontrolle verloren	1 2 3 4 5 (keine Veränderung – äußerst starke)

28. Ich glaube, dass meine Trauer zu einer bedeutsamen Verschlechterung meiner Funktionsfähigkeit in sozialen, beruflichen oder in anderen Tätigkeiten beigetragen hat	1 2 3 4 5 (keine Veränderung – äußerst starke)
29. Seit dem Tod fühle ich mich wie auf dem Sprung, sehr angespannt, leicht erregbar und allgemein sehr unruhig	1 2 3 4 5 (keine Veränderung – äußerst starke)
30. Seit dem Tod war mein Schlaf gut (1) bis äußerst stark beeinträchtigt (5)	1 2 3 4 5 (gut) – (schlecht)
31. Wieviele Monate nach dem Verlust haben diese Zustände begonnen?	____ Monate
32. Seit wie vielen Monaten erleben Sie diese Zustände?	____ Monate (0 = nie)
33. Hat es Zeiten gegeben, als diese Zustände nicht mehr hatten und dann sind diese Zustände wieder gekommen?	☐ ja ☐ nein
34. Können Sie beschreiben, wie sich Ihre Trauergefühle über die Zeit verändert haben?	

_____

_____

_____

_____

_____

Folgendermaßen können Sie den Fragebogen auswerten:
Die Werte der Antwortskalen von Frage 1 bis 30 liegen immer zwischen 1 und 5 (1 = keine Veränderung, 5 = äußerst starke Veränderung).

Kriterium A:
Der Tod einer nahe stehenden Person ist die Voraussetzung für die Diagnose „komplizierte Trauer". Selbst wenn Sie keine nahe stehende Person verloren haben, können Sie aber durchaus an einer schmerzhaften Trauerreaktion leiden.

Kriterium A2:
Trennungsschmerz: mindestens drei der folgenden fünf Fragen (2, 3, 5, 6, 22) müssen mindestens mit 4 (oft, sehr) markiert sein.

Kriterium B:
Traumatische Reaktion: Die Frage Nr. 32 muss mit „mehr als zwei Monate" beantwortet sein.